**HORSORI**
**MONOGRÁFICOS 13**

# EMOCIONES

## La cara oculta de las altas capacidades

Susana Arroyo Andreu

HORSORI

Editora: Andrea Pradilla Larraz

Ilustración de la cubierta: Júlia Blanco Arnaus

Primera Edición: septiembre 2018



Horsori Editorial, S.L.
Cuba, 18, entresuelo
(08030) Barcelona
http://www.horsori.net



Depósito Legal: B 22048-2018
I.S.B.N.:978-84-947780-8-7
Impreso en Podiprint

*A mi compañero de vida, Jordi.*

*Por estar junto a mí, queriéndome*

*y apoyándome. Siempre.*

*A nuestras hijas, Aila, Gina, Nur y Bel.*

*Por el placer que es crecer, vibrar, reír*

*y llorar junto a vosotras.*

# ÍNDICE

# Prólogo

## Buscando el equilibrio: Emociones y altas capacidades

En la educación actual, se ha reconocido que el currículum no debe ser solo intelectual, sino que también debe apoyar el desarrollo social y emocional. Asimismo, se ha reconocido que las altas capacidades tienen, en muchas ocasiones, un perfil de desarrollo emocional con características diferenciadas.

La inteligencia nos permite tanto conocer y comprender aspectos intelectuales y conocimientos como abrirnos de forma precoz al mundo de las emociones.

Aunque ya va siendo considerable la literatura científica sobre emociones y altas capacidades, el tema del desarrollo emocional no es el que aúna un mayor número de estudios. Por eso, la primera virtud del libro que escribe Susana Arroyo es su oportunidad y necesidad.

El libro parte de un sólido conocimiento del desarrollo de las emociones, aunque tiene un carácter eminentemente práctico y experiencial. Como la misma autora expone, «el ejercicio de sintetizar tantas reflexiones recogidas a lo largo de los años... ha sido una experiencia desbordante por tener que compactar una manera tan intensa de sentir en unas cuantas páginas».

Detectar las altas capacidades y acompañarlas en su desarrollo es el objetivo de partida. La autora describe con claridad los tres elementos desde los que se fundamenta este desarrollo; lo que ella llama: *Percibirlo todo, Sentirlo todo* y *Entenderlo todo*. Con esto, Susana Arroyo quiere, en primer lugar, transmitir al lector la forma en que los niños y las niñas con altas capacidades perciben el mundo.

El libro revisa los aspectos más problemáticos del desarrollo emocional que afecta a esta población. El primero de ellos es la tan conocida *sensibilidad*, donde podremos ver que las emociones implican a la persona en su totalidad y resuenan en nuestros sentimientos. Respecto a la sensibilidad, la autora asegura que percibirlo todo durante todo el tiempo es agotador y de difícil manejo, especialmente cuando se es niño.

Y en segundo lugar la frustración. En este punto estoy totalmente de acuerdo con la autora cuando expone que la construcción de un autoconcepto claro y una autoestima sólida evitarían esa *incómoda compañera de viaje*. Realmente, cuando estos niños y niñas no tienen la oportunidad de enfrentarse a dificultades, de vencerlas y de esforzarse, los parámetros de su autoconocimiento no son los idóneos y, en consecuencia, aflora este problema, la frustración.

El *perfeccionismo* es otra de las grandes dificultades emocionales, que afecta especialmente a las niñas y que muchas veces las hace abandonar y perder no pocas oportunidades.

Otros aspectos de interés sobre los que el libro profundiza son las *disincronías* abordadas por los sistemas educativos.

Dentro de los aspectos de revisión que la autora realiza, el último (por el orden en el que el libro los presenta) es la motivación, otra de las dificultades provocadas por la falta de hábitos y de esfuerzo. Susana Arroyo aporta ideas, no solo de cómo surge, sino también de cómo educar para evitarlos.

Pero creo, sinceramente, que la parte más interesante del libro, y que puede ser la más distintiva, es la que titula "Dinámicas y juegos para niños con AACC". Susana ha hecho una recopilación de actividades, tan útiles como prácticas y bien organizadas, que sin duda ayudarán a muchos lectores, tanto padres como terapeutas, a orientar mejor el desarrollo emocional de estos niños y niñas.

Poco más se puede añadir sobre la gran calidad y utilidad de esta obra. Deseo felicitar a la profesora Arroyo por su trabajo, y espero que sea un nuevo punto de partida en la inspiración personal y profesional en su vida, y que, como en esta ocasión, nos haga partícipes de sus futuros logros.

Luz F. Pérez-Sánchez
Catedrática de Psicología
Presidenta de la Sociedad Española
para el Estudio de la Superdotación

# Introducción

¿Cómo siente el niño con altas capacidades intelectuales? Esta es la pregunta que supuso hace meses el pistoletazo de salida que me motivó a escribir este libro y a la que, a través de él, pretendo dar respuesta.

Establezcamos, para empezar con buen pie, las bases que nos ayudaron a comprender cómo las personas dotadas de altas capacidades (a partir de ahora: AACC) están en la vida, qué máximas internas guían sus pasos y desde dónde se relacionan. Y es que las AACC no solo conllevan tener un coeficiente intelectual (CI) superior a 130, sino que también implican un conjunto de características que interaccionan de un modo complejo entre sí. Por lo tanto, tener AACC no significa únicamente ser más inteligente que los demás, sino que supone utilizar esa inteligencia de manera diferente.

Estas características, que son propias y compartidas entre las personas dotadas con AACC, tienen su origen en un elevado potencial intelectual y, también, en una mirada creativa sobre la propia experiencia, en una motivación que mueve la conducta o que, en su ausencia, paraliza y bloquea cualquier intención y, finalmente, en una sensibilidad desbordante que tiene la capacidad de impregnar toda la experiencia de colores, vivos o sombríos según se mire, pero, en cualquier caso, ineludibles. Sobre la base de estas características se apoyará el contenido de los cuatro capítulos iniciales de este libro, separados en lo que a mí me parecen los cuatro ejes que, para bien o para mal, marcan el desarrollo de los niños y niñas con AACC.

Pero antes, permitidme que os invite a que grabéis en vuestro imaginario, a través de todo vuestro potencial creativo y para que os acompañen durante la lectura, las siguientes imágenes, ya que, como se dice a menudo, vale más una imagen que mil palabras.

Pensemos en una burbuja de jabón. Las burbujas de jabón son bellas, frágiles, vuelan o explotan ante nosotros; son efímeras, ligeras y al mismo tiempo impenetrables. Vemos cómo son por dentro, pero no podemos entrar en una de ellas a no ser que estemos impregnados de su mismo componente jabonoso.

Pensemos en una explosión. Las explosiones son intensas, visibles, a menudo inesperadas, difícilmente obviables; nos provoca curiosidad el cómo se produjeron y, a la vez, nos impulsan a protegernos. Siempre nos asustan por su impacto, por el ruido que hacen, por lo rompedor del fenómeno. Tras la explosión, los cambios en el entorno son evidentes bajo los efectos de su onda expansiva.

Pensemos en una esponja. Las esponjas son permeables, porosas, capaces de absorber multitud de componentes con rapidez, incluso partículas pequeñísimas, y de expulsarlos con la misma rapidez. Secas tienen una textura, mojadas parecen incluso de otro material.

Pensemos en una montaña rusa. Las montañas rusas nunca son lineales, cambian bruscamente de dirección, nos hacen vibrar de miedo o de excitación, nos atraen, no nos dejan indiferentes; nuestro cuerpo se mueve, reacciona. Cuando llegamos al final del trayecto, querríamos volver a subir o no volver a hacerlo nunca más.

Estas cuatro imágenes en interacción constante engloban, a mi entender, la emocionalidad del niño con AACC. A mí me sirven para comprenderle en su entusiasmo desbordante, en su desesperación profunda, en su frustración infinita, en su soledad ensordecedora, en su alegría contagiosa, en su aburrimiento indomable, en su motivación cautivadora y en tantas emociones que experimentan cargadas de numerosos matices.

Os diré, también, que desde siempre me gustan las metáforas, y os aseguro que a ellos también. El uso de estas metáforas en el trabajo a veces resulta imprescindible; sin duda, a nivel emocional, me ha unido a muchos de ellos en momentos esenciales, cuando las palabras se nos quedaban cortas. Compartir una metáfora, en un momento determinado, nos posibilita acceder juntos a una emoción, a una manera de sentir, a una vivencia... y nos ha permitido hacerla volar para dar salida a aquella emoción que en ocasiones se estaba enquistando.

Por este motivo, a lo largo de la lectura del libro que tienes en las manos, encontrarás varias de ellas. Más que la exhibición de un (dudoso) dominio del recurso literario, lo que busco con cada metáfora es regalar una imagen, una foto compartida *desde* o *hacia* la que aproximarnos a un *quid*, cuya descripción podría resultar demasiado técnica, extensa y/o aburrida. Una ilustración que sintetice un aspecto, que facilite, de este modo, una aproximación al concepto que, por un lado, lo universalice y que, por otro, determine su contorno definiendo unos límites que podrían ser abstractos e infinitos.

Encontraréis que el libro está dividido claramente en dos partes: en la primera se plantea un abordaje más explicativo sobre la manera de sentir de los niños con AACC para, a continuación, entrar en una segunda parte donde propongo juegos en familia y dinámicas para el aula, que os permitan trabajar determinados temas desde la cotidianidad y el apoyo que la familia y la escuela dan a estos niños y niñas.

Ahora bien, considero necesario explicitar que, en muchos de los aspectos que describo a lo largo de las siguientes páginas, existen diversos niveles de intensidad o gravedad y que, según el caso, abordarlos desde las dinámicas o juegos que propongo sería claramente insuficiente. En esos casos, lo adecuado será consultar a un profesional y, por lo tanto, trabajarlo terapéuticamente.

Sin duda, detectar las AACC de forma precoz es de gran ayuda para acompañar a los niños a lo largo de su crecimiento, encauzando, de este modo, las dificultades personales, sociales o motivacionales que puedan aparecer desde su particularidad esencial y asegurando, a su vez, la igualdad de oportunidades en el contexto escolar y la correcta respuesta educativa durante la escolarización.

Finalmente, detengámonos un instante en la cuestión del género. En esencia, no hay diferencias entre niños y niñas en las características asociadas a las altas capacidades. Sin embargo, sí hay grandes diferencias en los procesos de socialización que vivirán, y a través de los cuales crecerán y, por lo tanto, en la manifestación que tanto sus características como sus dificultades pueden sufrir en el día a día.

Es decir, no sienten de manera diferente, pero en lo que sí se dan diferencias es en la forma en que expresan el malestar y en lo que les permitimos a unos u otras en función del género. Con ellos, por ejemplo, somos más permisivos en el enfado o la rabia; a ellas, en cambio, se lo ponemos más fácil para que expresen cuándo se sienten desbordadas a través del llanto o el lamento. Ellos ponen de manifiesto el caos y el descontrol sin tantas censuras de una manera evidente; en cambio, ellas son precavidas en eso y optan por la tristeza o la ansiedad para poner de manifiesto el malestar.

En definitiva, ambos son igual de sensibles, pero muy diferentes en la manera de expresarlo y en las censuras que la sociedad ejerce sobre las emociones en función del género. Nada nuevo bajo el sol. Sin embargo, si estás leyendo este libro pensando en una persona en concreto o si, por lo contrario, tu objetivo es acompañar educativa o profesionalmente a niños y niñas dotados con AACC, te invito a reflexionar sobre las diferentes formas de expresar sus emociones según su género y cómo puedes ampliar ese registro con ellos y ellas.

Termino estas líneas previas agradeciéndote el interés que de entrada suscita en ti el conocimiento de la manera de sentir de estos niños, y compartiendo contigo el reto que ha supuesto escribir todo cuanto encontrarás a continuación.

El ejercicio de sintetizar tantas reflexiones recogidas a lo largo de los años ha sido una experiencia desbordante por tener que compactar, en unas cuantas páginas, una manera tan intensa de sentir. En algunas ocasiones ha resultado doloroso visualizar a tantos niños –presentes en mi memoria– que, en determinados momentos, se han tenido que enfrentar a dificultades abordadas en el libro. Otras veces, ha sido emocionante sentir la intensidad de recordar el buen resultado de una sesión terapéutica basada en alguna de las dinámicas que te propongo y, en algún momento, he sentido pánico por creer que no logro transmitir como se merece la complejidad y la riqueza en la que viven todos ellos.

Espero haberlo conseguido y espero que te pueda ser útil. De corazón.

# PRIMERA PARTE

# REFLEXIONES TEÓRICAS

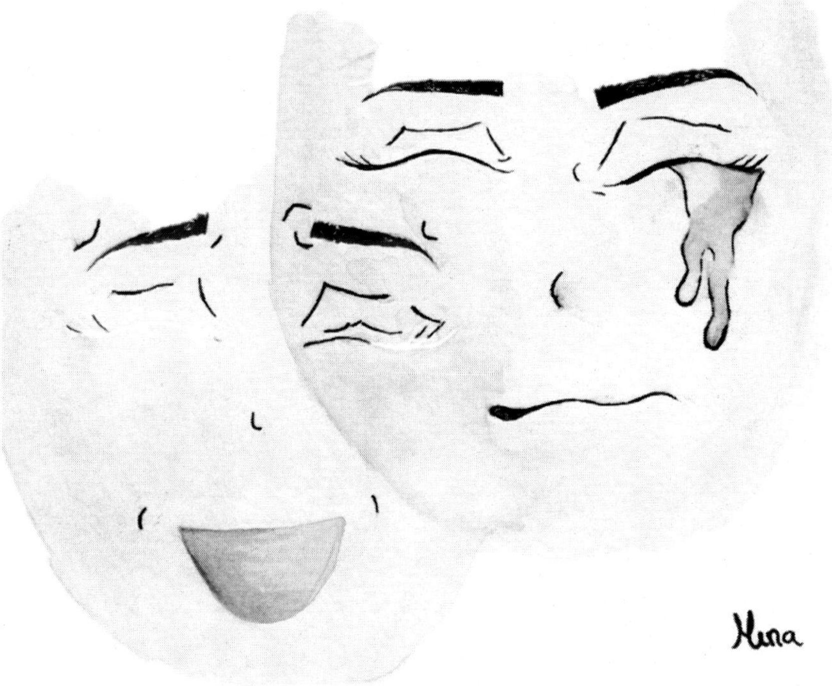

# Capítulo Uno

# Sensibilidad

Arrojas una piedra a un estanque y, de inmediato, unos círculos concéntricos aparecen y se expanden mágicamente hasta desvanecerse en la superficie cristalina. Eso es lo que vemos. El agua no queda estática en ninguna de las direcciones y, más allá de lo que ven nuestros ojos, de camino hacia las profundidades, esa vibración no deja indiferente a ninguna de las partículas que alcanza su abrazo ondulante. Esa piedra causa un movimiento incesante y obligado, nada permanece indolente bajo su acción, todo se ve sacudido en mayor o menor medida. Finalmente, cuando de nuevo regresa la calma, nada es exactamente igual a como fue…
Así siente tu alumno, tu hijo con AACC. Cualquier emoción o percepción no le deja indiferente. Ante cualquier vivencia, interna o externa, multitud de círculos concéntricos inician su movimiento: la emoción se desplaza, baila, corre, se agita o se columpia en lo más nuclear de nuestro protagonista. Tras esa emoción, nada queda exactamente igual a como era antes. La complejidad, intensidad y la viveza de las emociones le inunda, y su sentir cambia cada minuto.

## 1. Todo empieza y acaba en la emoción

La emoción es el principio necesario para el movimiento vital. Como la piedra que impulsa las ondas acuáticas de un estanque, la emoción constituye el punto de partida de una sucesión de reacciones que condicionan nuestro día a día y nuestra forma de estar en el mundo.

En la emoción es donde nos sentimos vivos, donde sentimos que las cosas nos suceden, donde somos actores (y no espectadores) de nuestra propia experiencia; vibramos, lloramos, queremos, nos asustamos... Y es que las emociones implican a la persona en su totalidad y resuenan en nuestros sentimientos, pensamientos, fisiología, intenciones y conducta.

Este es el punto de partida del trabajo terapéutico que he desarrollado a diario en las sesiones con niños, adolescentes y adultos dotados con AACC. En ellas, me doy cuenta de que, si llegamos a la emoción, el trabajo es fértil y supone cambios profundos, mientras que, si no la alcanzamos, los resultados son efímeros y poco significativos.

En el trabajo con niños con AACC, considero que el trabajo desde las emociones es especialmente pertinente y efectivo debido a la profundidad e intensidad con que ellos las sienten. Esta forma, particularmente intensa, de vivir las emociones acarrea una complejidad difícil de gestionar (tanto para el niño como para quienes pretendemos ayudarle a hacerlo). Abarcar la complejidad emocional que acompaña al niño con AACC, y entender su emocionalidad como una riqueza, nos permitirá alcanzar la comprensión de una vivencia que es superlativa, aumentada, intensa, desbordante, explosiva y que, a menudo, sobrepasa el umbral del control que pueden ejercer sobre sí mismos. Recuerdo a Aina (9 años) que me repetía una y otra vez:

> «No se trata de que entienda que mi amigo está triste porque sus padres han decidido separarse, no es eso, lo que me pasa es que estoy triste. ¿Comprendes? –se exclamaba–. No es que entienda su tristeza, ¡es que la siento! ¡En mis carnes!».

Pienso que visualizar la emoción como una música, una canción o una pieza que nos pone en movimiento, nos puede resultar ilustrativo en tanto que comparte características que nos impulsan de modo parecido.

La música nos influye en el estado de ánimo, nos impele físicamente a bailar, a saltar, a seguir su ritmo con la punta del pie o tamborileando sobre la mesa con el bolígrafo; o, al contrario, también puede proporcionarnos un estado de concentración o relajación y, en otros casos menos deseados, llevarnos a la crispación más desesperante.

Una particularidad de la música es que una misma sinfonía puede generar cualquiera de los estados anímicos que acabo de describir según quien sea la persona que la escucha e, incluso, provocarlos en un mismo individuo dependiendo, por ejemplo, del contexto o el momento en que la escucha.

También puede predisponernos fisiológicamente, como en el caso de esa canción que nos ayuda a empezar el día con energía o aquella melodía sutilmente escogida para una cena a la luz de las velas.

La música es expresión. Pide ser exteriorizada, ya sea coreada en un estadio o susurrada junto a una hoguera acompañada por una guitarra, interpretada en un auditorio por un cuarteto de cuerda o cantada a viva voz en la intimidad de la ducha. La música nace y existe por necesidad de expresarse y para ser expresada.

La música es, en definitiva, algo que nos toca un resorte interior sin que nosotros lo decidamos y que desencadena una serie de reacciones que, de un modo más o menos consciente, condicionan el estado de nuestro cuerpo y espíritu.

Algo muy parecido sucede con las emociones. Nuestro ánimo cambia bajo su influencia, nos afectan fisiológicamente y sentimos la necesidad de expresarlas y compartirlas para que, más allá de nuestro fuero interno, adquieran más matices y se nutran del *diálogo* con el mundo exterior.

Durante años he recogido los adjetivos que las familias de los niños con AACC que llegan a mi consulta utilizan cuando intentan describir su sensibilidad, y es sorprendente el acuerdo implícito que día a día constato. La mayoría explican que las emociones de sus hijos son intensas, cambiantes y complejas; son como una sinfonía.

Solamente si captamos y entendemos esa sinfonía, podemos acompañarlos cuando sea necesario. Solo si logramos entender esa música podremos bailar con ellos, a veces bajo los mismos compases, y, en otras ocasiones, actuar como un canon necesario en momentos de desbordamiento.

Desgranemos y entendamos un poco más esa *sinfonía emocional* que marca el ritmo de su peculiar manera de sentir.

## 2. Sus tres ingredientes para el sentir

Los tres componentes básicos que hacen que un niño con AACC sienta de modo diferente y que encontramos en la base de su particular manera de estar en el mundo son: una elevada sensibilidad hacia lo emocional, una elevada percepción de todo cuanto le rodea a través de los sentidos y una gran conciencia de todo lo que vive. Ya podemos anticipar que eso no será de fácil gestión para ellos ni para sus familias, pero, paralelamente, puede ser de una riqueza infinita.

Los padres de tres hermanos con AACC me comentaban un día que ser padres de hijos con altas capacidades es de todo menos aburrido.

> A menudo –me contaban–, «uno siente que camina por un terreno minado, pues su alta sensibilidad los hace explotar de modo imprevisto; "¡Qué piel tan fina!" –pensamos–. En otras ocasiones, nos obligan a reflexionar sobre nuestras decisiones en el modo como los educamos, pues ponen a prueba nuestras normas. Con frecuencia, nos llevan a un esfuerzo dialéctico agotador –con ellos, pero también sobre ellos cuando estamos solos–, a un dar razón constantemente de todo. Sin embargo, la mayor parte de las veces es una aventura apasionante: las comidas en casa son divertidas, con comentarios ocurrentes de nuestros hijos que jamás dejan de sorprendernos; casi siempre hablamos mucho y de todo, porque todo les interesa, nos divertimos, dejamos que corra la ironía y nos reímos de nosotros y de los demás. Siempre, en cualquier caso, es una relación de una gran intensidad y –también nos atreveríamos a decir– de calidad».

Es decir, el niño lo siente todo, lo percibe todo, lo entiende todo durante todo el tiempo: está sumergido en la experiencia, en unas profundidades que es necesario comprender para poder acompañarle como necesita.

## 2.1. Percibirlo todo

Sus órganos de los sentidos reciben la información del exterior con mayor intensidad que cualquiera de nosotros, y ese aumento de la sensibilidad perceptiva tiene, sin duda, resonancia en sus experiencias emocionales. Percibirlo todo durante todo el tiempo es agotador y de difícil manejo, especialmente cuando se es niño.

Sus ojos perciben todos los detalles y a veces da la sensación de que no observa, sino de que analiza minuciosamente captando lo particular de todas las cosas, situaciones y, a la vez, su globalidad. Cuando era un bebé, no le solía pasar desapercibido un cambio en la disposición de algún objeto en casa, o un nuevo cuadro en la pared, el leve corte de pelo de su madre... del mismo modo, con el tiempo se da cuenta de un pequeño gesto de desagrado en su interlocutor, de la aprobación o el juicio tras una determinada mirada o de la imperfección en una línea trazada en un dibujo geométrico. Recuerdo a una chica que me explicaba con cansancio cómo el desorden de los lugares le provocaba desasosiego, incluso angustia, ya que su atención no podía descansar ante la constante falta de armonía.

El tacto es exquisito y molesto en la misma intensidad según el momento y la situación: disfruta del contacto con diferentes texturas, como un césped fresco o un terciopelo suave, pero, a la vez, en el polo opuesto de la experiencia, le resultan extremadamente irritantes las etiquetas de la ropa rozando su cuerpo o las costuras en lugares incómodos, como los pies o las axilas. Por supuesto, es altamente sensible al contacto físico con el otro, tanto en la calidez de un abrazo como en la angustia por un beso “de cortesía” indeseado.

La distorsión y el desasosiego que siente ante los ruidos intensos a veces nos puede resultar incomprensible, ya que le puede el pánico. Le molesta e irrita el comedor de la escuela con su bullicio constante, que unos compañeros de clase no trabajen en silencio, el ruido provocado por unos vecinos que llevan a cabo obras en su vivienda. La verbena de san Juan puede ser un día siniestro y los truenos pueden conectarlos con el terror más intenso.

Los sentidos del gusto y el olfato no se quedan atrás en su vivencia aumentada de la realidad. La aversión ante determinadas texturas de alimentos, o ante sabores que le resultan muy penetrantes, nos muestra una elevada sensibilidad alimentaria que, si no comprendemos, puede ser una constante fuente de conflicto familiar. A menudo, las familias explican anécdotas como, por ejemplo, que unas galletas con aroma a anís pueden provocar que decidan que es mejor opción no merendar. Un olor demasiado intenso puede bloquearle hasta el punto de tener que abandonar la situación en la que se encuentra, perdiendo la concentración en un examen por la fragancia que desprende el nuevo champú de un compañero o sufriendo cada vez que va en coche porque la tapicería desprende un olor dolorosamente penetrante.

Anna, la madre de unos hermanos dotados con AACC, me explicaba que cuando eran bebés no podían ir a centros comerciales ya que, al entrar en un lugar con mucha gente y ruido, podía ver cómo sus caras cambiaban. Pasaban de estar tranquilos a empezar a moverse angustiosamente en el cochecito. Ya de más mayores, se ponían a correr o se escondían en cualquier lugar. Finalmente, entendieron que no podían ir a lugares con muchas luces, con ruidos o con la música alta.

Según si el niño sabe canalizar o no este constante flujo de percepciones, estas pueden generar un intenso placer por la riqueza que imprimen, o una inmensa tortura por el desasosiego que pueden conllevar. Extremos de un mismo continuo que marcan cada situación, cada vivencia.

Esta imbibición constante de lo propio y lo externo puede llevar a este niño a la pérdida de control por el desbordamiento interior que una experiencia tan aumentada acarrea. Y es entonces cuando se siente sobrepasado, vulnerable y desarmado para poder gestionar la llegada de la experiencia. Sentirse comprendido y aceptado por sus padres, maestros y adultos que lo rodean sin duda le ayuda a poder canalizar este gran flujo de información.

En la dirección opuesta, actitudes que tengan que ver con minimizar lo que siente, tildándolo de dramático y/o maniático, le generan frustración, malestar y la inquietante sensación de que nadie es capaz de entender lo que le pasa.

Así me lo expresaba Raquel, quien descubrió sus altas capacidades a los 42 años:

> «Cuando salí de la consulta, después de que quedaran probadas por la evaluación correspondiente mis AACC, me sentía muy extraña... de pronto llevaba unas gafas que me obligaban a redimensionar toda mi vida. Algunos episodios del pasado eran ahora radicalmente diferentes. Algunas relaciones con amigos o familia cambiaban de color, textura y sabor. Se me había rasgado la piel y

quedaba al descubierto la verdadera persona que habitaba dentro. En aquella confusión de emociones, la rabia y la tranquilidad se cogían de la mano. Rabia por haberme rendido a todos los estigmas y haberlos interiorizado; mil veces me he excusado con frases del tipo "soy una maniática" o "no soporto los ruiditos"... características que me han atribuido tantas y tantas veces que he acabado por aceptar como ciertas. Ahora comprendía porque no soportaba los ruiditos y porque todas las imperfecciones que los otros no veían eran tan llamativas a mis ojos. Ya no era una maniática, sino que tenía altas capacidades. Curiosamente, la mentira que hasta entonces había justificado era fácil de pronunciar en público. En cambio, la realidad que en cierta manera me tranquilizaba era una peculiaridad difícil de compartir con el entorno».

## 2.2. Sentirlo todo

La elevada sensibilidad en torno a sus propias emociones y a las de los demás es un rasgo propio del niño con AACC. Suele reaccionar súbitamente y de forma desproporcionada a lo que los adultos consideraríamos normal. Es extremadamente permeable a las emociones; esto conlleva que no pueda estar con otras personas sin sentir lo que ellas sienten, o pasar por situaciones sin captar la emocionalidad que siempre se desprende de lo vivido.

Las emociones le calan con facilidad, y captarlas sin tregua a menudo se convierte en una especie de vaivén anímico: pasa de una emoción a otra rápidamente, sin que a veces podamos entender qué es lo que ha propiciado el cambio. En un momento está sumergido en la más extrema de las alegrías, y al minuto siguiente en un profundo pozo de tristeza.

Daniel (9 años) lo sintetizó como:

«Sentir demasiado, demasiadas veces; y su madre describió su sentir como: cataclismos emocionales, un constante volcán en erupción, que se desestabiliza con facilidad y le hace ser vulnerable y frágil, emocionalmente hablando. No sabe protegerse de sí mismo y explota de forma descontrolada, consiguiendo la burla e incomprensión del grupo, que no puede entender sus reacciones».

En las entrevistas que mantengo con los padres, cuando pregunto si sienten que sus hijos son muy sensibles, la respuesta siempre es un contundente «¡sí!». Los padres de niños con AACC explican cuán difícil es regañar a sus hijos, porque sienten que los hieren en lo más profundo de su ser; cómo una música bella puede hacerles derramar lágrimas o el dolor ajeno llegar a ser sentido como propio por parte de sus hijos. ¡Qué difícil es para ellos vivir en un mundo donde la injusticia y las situaciones dramáticas nos llegan minuto a minuto con toda su crudeza a través de los medios de comunicación!

Hay temas que los arrastran con facilidad hacia esa intensidad emocional; la muerte es, sin duda, uno de los más recurrentes. Esta es la vivencia de Leo (4 años) y su familia:

> «Un viernes por la noche después de cenar, estábamos viendo un capítulo de una serie de dibujos animados. De golpe, y sin razón aparente, Leo empezó a llorar desesperado, muuuuuy desesperado. Jamás lo habíamos visto así. Estaba fuera de sí y no había forma de controlarlo. Nada lo calmaba. Gritaba, pegaba, se movía sin parar. Su inquietud y malestar se podían tocar, ver, sentir, y diría que hasta oler. Era incapaz de verbalizar todo lo que pasaba por su cabeza en ese momento. Dedujimos que tenía relación con el hecho de que, en el capítulo de la serie que estábamos viendo, moría el perrito de uno de los personajes.
>
> A las 2 horas de empezar a llorar sin parar, fue capaz de decir muy pero que muy airado, y de forma muy pero que muy vehemente, que lo que le pasaba era que se había imaginado su propia muerte. Nos quedamos petrificados. A partir de aquí se dejó abrazar y se fue calmando poco a poco hasta que se durmió.
>
> Desde ese momento el tema de la muerte ha sido bastante tabú para él. Ya con 6 años para 7, un día le veo yendo para su habitación con esa mirada que pone y que como madre descifro al instante: "aquí pasa algo". Empieza a dar patadas en el aire y otra vez se pone a llorar desesperado. Yo pienso a que se ha peleado con su hermano, pero no. Me dice que estaba pensando en las estrellas, el Universo, se ha preguntado si el Universo tiene fin y de ahí ha pasado a pensar en la muerte. Lo abrazo, lo intento calmar, pero mis reflexiones para conseguirlo surten el efecto contrario. De golpe me abraza con todas sus fuerzas y empieza a chillar de forma reiterada: «¡¡¡mamá no te mueras nunca, no te mueras nunca, no te mueras nunca!!!».

Ahora parece que el tema de la muerte no le afecta tan intensamente, pero es un asunto del que no le gusta hablar demasiado. Con el tiempo sus reacciones sobre este tema se han ido normalizando.
Al final lo que tienes que aprender como padre es que, ante reacciones tan desproporcionadas como estas, hay que intentar mantener la calma, porque de verdad, lo que necesitan en ese momento es sentir que hay un tronco al que agarrarse en medio de su mental tempestad oceánica».

Entendamos que es un niño y que esa elevada emocionalidad no es fácil de sobrellevar, de gestionar y, por ello, necesita unos adultos que le entiendan y le acompañen en todos esos momentos en los que se siente sobrepasado.

Algunas de las consecuencias de este flujo constante de emoción en el que vive son:

### Susceptibilidad al interpretar las intenciones de los demás

Con facilidad se siente agredido por los demás. Una palabra inofensiva, un gesto casi imperceptible del otro, una observación que a nuestra mirada carece de importancia le pueden causar desconcierto porque lo siente como un gesto agresivo hacia él.

### Empatía

No tan solo entendiéndola como la capacidad de poder comprender un sentimiento ajeno, sino también como el poder *sentir* la preocupación de otro, su alegría, su desesperación... Y observamos que tiende a responsabilizarse en exceso de aquellos a los que considera débiles o necesitados de ayuda.

También muestra una tendencia a involucrarse emocionalmente en asuntos que no le corresponden por edad, que le vienen grandes, un vestido que puede ponerse, pero que no puede gestionar. Un ejemplo claro sería lo que ocurre a veces en el caso de separación de los padres. En mi experiencia, a menudo veo cómo estos niños, cuando sus padres se separan, pueden analizar con exquisito detalle lo que está ocurriendo, pueden percibir cuál de sus padres está más débil y empiezan a cuidarlo o, incluso, a intentan ejercer de terapeuta de este (o de ambos). Obviamente, este es un vestido que asumen casi sin darse cuenta, les va grande, inmenso, y en todos los casos acaba siendo angustiante.

Laura, la madre de Esteban (10 años) reflexiona lo siguiente en torno a la empatía:

> «Con nuestro segundo hijo, hemos visto lo que consigue todo el potencial de unas altas capacidades aplicado a la gestión de las relaciones personales. No constituye una decisión consciente por su parte, ni es algo que se pueda aprender, ni siquiera decidir, pero lo cierto es que, sea como sea, es realmente un seductor: gusta a todo el mundo. Un primer análisis superficial del modo como logra el éxito social podría llevar a la conclusión excesivamente simplista de que tiene un encanto natural, de que es muy simpático o muy adaptable. Siendo todo ello cierto, sin embargo, su éxito social esconde una realidad mucho más compleja: es fundamentalmente empático. La empatía, al menos en su caso, es una capacidad de comprender al otro en sí mismo, de un modo intuitivo pero profundo, en toda su complejidad. Es, en definitiva, el resultado de un análisis complejo y rico de la realidad del otro, por más que opere en el nivel de las meras intuiciones, que le lleva a comprenderle y a identificarse con él. Ya sean niños o adultos, compañeros, profesores o familiares, todos perciben que se establece una conexión franca con él que es casi imposible no aceptar».

### Elevado sentido de la justicia

Cuando siente que se ha cometido una injusticia, aunque no tenga nada que ver con él, siente la necesidad imperiosa de intervenir. Joel (7 años) me contaba que las injusticias lo llamaban, lo arrastraban y no podía dejarlas pasar por alto. Me contaba que esa sensación de injusticia se le quedaba como *pegada por dentro* y que no podía reconectar con la tranquilidad si, como mínimo, no la denunciaba.

Es importante que *confiemos y validemos* las emociones del niño o adolescente con AACC, que entendamos que siente de este modo tan rico y a la vez tan complejo, ya que esta forma de estar en el mundo, unida a la confianza de su entorno, lo conecta con una energía inagotable y le hace sentirse útil, valioso y relevante. Por lo contrario, a veces, como maniobra para intentar protegerlos del dolor, los adultos que le rodeamos tendemos a minimizar lo que siente, a trivializar el sufrimiento o el placer, a desconfiar de sus hondos sentimientos, y esto le conecta a un sentimiento de inutilidad y de poca fiabilidad hacia lo que siente que le bloquea o le hace sentir profundamente solo.

## 2.3. Entenderlo todo

La comprensión, el análisis y el entendimiento de todo cuanto le rodea es la derivada lógica de percibir todos los detalles desde todos los sentidos y sentir todas las emociones propias y ajenas. Este continuo procesamiento de la información en el que vive el niño con AACC le otorga un pensamiento muy rico por todos los datos que incorpora. Sin embargo, esto también acarrea una fuente inagotable de preguntas que a menudo no tienen fin.

Reconocer el sentido profundo de las cosas; entender una explicación, una historia o un suceso desde ámbitos que para los demás pueden ser insondables; percibir o tener una idea clara, un fin cristalino; comprender un hecho, un sentimiento subyacente; acceder a lo que queda encubierto tras una primera aproximación a algo; no dejar nada latente... todo ello supone entenderlo todo, y no solamente en el plano de los pensamientos o de lo cognitivo. Las emociones son necesarias para poder pensar, ya que, sin ellas, se pierde el sentido de las cosas o de la realidad. La falta de emociones conlleva el riesgo de no conseguir pensar bien y tomar decisiones contrarias al propio interés o al de otras personas.

Patricia (13 años) siente que la emoción es algo que siempre está presente en ella y, por eso, las cosas le impactan más:

> «Cuando más lo noto –me cuenta– es después de mirar cualquier película. Siempre acabo llorando en algún momento. Y luego, siempre necesito diez minutos al menos para reflexionar sobre el sentido de la película y discernir que intenta transmitir. Esto también tiene su reflejo en la vida real ya que tiendo a sentir todo diez veces más de lo que es. Cuando estoy alegre estoy muy alegre y con mucha energía. Cuando estoy nerviosa, a menudo, es por algo muy pequeño y me pongo realmente nerviosa.
> Una manera de no sentir tanto es intentar verlo desde fuera. Pensar, ¿si fuera otra persona me sentiría así? Eso me ayuda a

> ver que estoy exagerando y que no es para tanto, aunque, la verdad, me cuesta llegar a esa conclusión.
> Pienso que mi sensibilidad me hace más fuerte, ya que siento mucho y eso me hace desarrollar herramientas para lidiar con esos sentimientos tan intensos. Pero también me hace vulnerable ya que nadie de mi entorno puede identificarse conmigo y seguramente nunca podré hablar de esto con un amigo, ya que quizás harán esas reflexiones cuando sean más mayores o quizás nunca las harán».

Siguiendo el hilo de este ejercicio de autoobservación, podemos preguntarnos: ¿cómo lidian con esos sentimientos tan intensos? ¿Qué hace el niño con AACC cuando la emocionalidad le agita por dentro y siente que debe frenarla porque se siente amenazado por ella?

## 3. Cuando las emociones duelen

Llamamos *desbordamiento emocional* a aquello que nos ocurre cuando sentimos que no tenemos los recursos suficientes para afrontar una situación y nos vemos invadidos por unas emociones intensas que nos sobrepasan. No tenemos el control sobre ellas, son como caballos desbocados que no podemos controlar, y más bien parece que nos dirigen ellos a nosotros.

En el niño con AACC esta es una experiencia que ocurre frecuentemente y se asocia a multitud de situaciones, ya que, como hemos visto, este niño tiene dificultades para procesar tanta información emocional y para direccionarla correctamente. De hecho, no podría ser de otro modo, y debemos entender este tipo de desbordamientos como un rasgo que le es propio. Eso sí, que sea normal que le ocurra de este modo no implica que no debamos ayudarle a gestionar su emocionalidad, acompañándolo en la asimilación de aquello que siente y darle una salida adecuada.

Pero vayamos al origen: la *constitución de la personalidad* de este niño, pues desde estos orígenes podremos entender por qué se desborda con tanta frecuencia. La personalidad es la representación que uno tiene de sí mismo, en relación con los demás y con el mundo que lo rodea. La formación de la personalidad no es una labor fácil y la manera de vivir y de afrontar el devenir de las cosas dependerá de su desarrollo.

La constitución de la personalidad en el niño con AACC va de la mano con la integración de ciertos desfases que le son propios, desfases por los que todos ellos pasan y que pueden generar malestar o pueden enriquecer la experiencia, según su gestión y capacidad de integrarlos en un todo. Estos desfases, en la bibliografía que encontramos en torno al mundo de las AACC, fueron descritos por Jean Charles Terrassier en 1994, quien acuñó el término *disincronía* para referirse a ellos.

Detengámonos un minuto a entender qué son las disincronías. Las AACC tienen una doble vertiente, la cognitiva y la afectiva. Ambas facetas están siempre entrelazadas y a menudo son disincrónicas, es decir, que no van al mismo tiempo. Aunque las disincronías descritas por Terrassier fueron muchas, a efectos de este libro hablaremos de las dos que considero más relevantes por su resonancia con el modo de sentir del niño con AACC.

Por un lado, en muchos casos las personas dotadas con AACC viven en una disincronía *interna* o *personal* que es fruto de un desarrollo no acorde entre lo cognitivo y lo emocional. Entienden todo, pero no siempre pueden elaborarlo emocionalmente; mentalmente pueden entender aspectos que van más allá de lo que esperaríamos de su edad cronológica, pero la capacidad de asimilar emocionalmente tal vez no ha madurado tanto (aunque corresponda a la edad que tiene). Este desfase crea malestar, especialmente en edades tempranas, por entender *tanto* y a la vez *tan poco* desde la razón o la emoción respectivamente.

La relación no siempre sencilla entre la razón y la emoción puede causarles claros signos de bloqueo, por ejemplo, en momentos de toma de decisiones. Nos explica la madre de tres hermanos de diferentes edades, todos ellos con AACC, cómo es este proceso para sus hijos:

> «Una cuestión que siempre nos ha sorprendido de nuestros hijos es las grandes dificultades que todos ellos tienen para tomar decisiones. Tanto si se trata de decisiones importantes (¿quiero cambiar de escuela?) como de cuestiones menores (¿qué bolígrafo me compro?), parece que se bloquean completamente cuando

> tienen que elegir. De algún modo, es como si ante cualquier decisión que tienen que tomar se activara el análisis de las consecuencias que entraña la elección de cualquiera de las alternativas, de modo que todo el conjunto de alternativas y consecuencias de su decisión se les aparece en bloque, de repente y a la vez; su capacidad de análisis les hace prever y anticipar consecuencias, de tal manera que el tamaño de la empresa los abruma. Ninguna decisión es simple, un mero trámite, porque todas tienen resonancias en múltiples esferas que ellos no pueden ignorar».

También es frecuente encontrar que, paralelamente a esta disincronía interna o personal, vivan una disincronía *social*. El niño con AACC goza de unas características que no son propias a su edad cronológica y que suponen una diferencia, a menudo notable, respecto al grupo en cuanto a intereses, habilidades, vocabulario, aficiones, etc. Esta diferencia evoluciona, en ocasiones, en aislamiento respecto del grupo; aunque no siempre. En otras ocasiones, el niño con AACC es suficientemente flexible como para adaptarse a los otros y, a través de esta acomodación, lograr la integración en el grupo. Profundizaré en la definición y los efectos de este tipo de disincronía más adelante, cuando enfoquemos la temática de la pertenencia y la manera de relacionarse a nivel grupal.

Imaginemos cómo sería andar por el mundo con una pierna muy larga y otra muy corta: esto son las disincronías que es necesario que vaya compensando con el paso de los años nuestro protagonista, para progresar y estar a gusto consigo mismo y con los suyos. Una detección temprana de las AACC facilita el camino y posibilita la construcción de los andamiajes que en determinados momentos del ciclo vital son necesarios.

En el camino de esta adaptación necesaria, he podido observar que pueden darse tres posibilidades, tres caminos que implican cosas muy distintas y que tienen un impacto muy diferente en su personalidad.

Hay un primer grupo de niños con AACC que no percibe sus diferencias respecto a los demás en ninguna área: ni en sus capacidades, ni en sus motivaciones, ni en su manera de sentir. Entonces piensan: si todos somos iguales, ¿por qué funcionamos de formas tan diferentes?, ¿por qué afrontamos las relaciones de maneras tan distintas? Esta percepción desajustada de las diferencias (objetivas) entre ellos y los demás hace que su comprensión de las relaciones y del funcionamiento de estas les resulte muy chocante sin saber descifrar el porqué, sensación que algunos pueden sobrellevar sin malestar (aunque con sus raciones diarias de desconcierto) o, por el contrario, para otros puede resultar dolorosa.

Existe un segundo grupo que ya desde pequeños se perciben diferentes y consiguen compensar sus disincronías mediante su ingenio, creatividad y habilidades que les son propias, activándolas con el objetivo de pertenecer al grupo. Sin duda, esta compensación implica invertir una cierta dosis de energía en ello, pero, si lo consiguen, se sentirán adaptados al entorno y a la vida.

El último grupo, al igual que el segundo, se perciben diferentes, pero, a diferencia de los anteriores, no consiguen adaptarse socialmente; a pesar de disponer de las herramientas necesarias, no tienen la habilidad suficiente para utilizarlas, o predominan en ellos rasgos limitantes que les bloquean en sus pretensiones de pertenecer al grupo. Entonces se va gestando una visión negativa de sí mismos, y se ven como unas personas incapaces, desubicadas y se culpabilizan por ello.

## 4. NO SENTIR COMO SOLUCIÓN

Esta sensibilidad que desborda, esta emocionalidad que lo tiñe todo, a veces, resulta excesiva y es vivida por el niño como algo dañino hacia él mismo. En ocasiones, se le escapan las lágrimas en situaciones que le hacen sentir avergonzado, le da miedo ser tan emocional ya que en muchas circunstancias los demás fácilmente pueden burlarse de ello, o sufre intensamente ante temas de actualidad y no puede poner distancia entre ese dolor y un hecho que ocurre a tantos kilómetros de distancia.

Cuando eso ocurre, y el niño se siente incómodo por diversos motivos frente a su propia emocionalidad, he observado que aparecen formas de protegerse que se repiten a menudo, convirtiéndose en características de los niños con AACC porque cubren una necesidad común. Se trata, pues, de defensas que el niño o adolescente usa para frenar unas emociones con las que no se encuentra a gusto.

Defenderse ante lo que nos daña es legítimo, adaptativo; todos lo hacemos o, al menos, todos lo intentamos. El problema empieza cuando esas protecciones son rígidas, se activan siempre, sin previo aviso, de modo automático, y la emoción queda paralizada; y esas protecciones que pretendían facilitar la adaptación se convierten en una trampa. Se trata de una plantilla disponible y siempre activada.

Lo mismo en el niño. Se intenta proteger y, paralelamente, va construyendo una capa impermeabilizante de la emoción cerrándose más y más en él mismo. Cuando esto ocurre, sus padres explican cómo ven que su hijo, con el transcurso del tiempo, ha pasado de sentir mucho a parecer que nada le afecta, y no encuentran el modo de acceder a él, a sus vivencias, porque no expresa nada.

Siguiendo el hilo de algunas ideas propuestas por Jeanne Siaud-Facchin, he podido observar y constatar cómo en niños, y especialmente en adolescentes con AACC, estas protecciones suelen adaptarse a una de las siguientes plantillas.

### INTELECTUALIZAR LA EMOCIÓN O *SENTIR CON LA CABEZA*

Se trata de ejecutar un análisis frío de las situaciones o de las vivencias; un análisis que no recoge la vivencia emocional, sino que supone un filtraje intelectual desligado de la emoción. Explica lo que ha pasado, los hechos, pero no acompaña su explicación de ninguna emoción, ni a nivel léxico, ni a nivel gestual o emocional.

### RIGIDEZ A LA HORA DE INTERPRETAR LO QUE VIVEN

Esta manera de entender las vivencias no da pie a que considere que quizás su interpretación se encuentra sesgada o incompleta a algún nivel, o que puede estar dando poco valor a detalles que son esenciales. Vive las emociones desde los extremos, todo es blanco o negro, en un mundo sin grises donde los matices no existen. Utiliza esta rigidez para construir un marco tranquilizador que acote lo vivido, la experiencia, y que establezca unos límites claros al pensamiento y la vivencia.

### Perfeccionismo

Volverse exigente con uno mismo y con los que le rodean le da la posibilidad de sentirse seguro, ya que ese perfeccionismo no deja nada al azar y le permite prever al máximo lo que pasará, neutralizando la incertidumbre. De ahí el fuerte malestar que cualquier cambio le acarrea, haciéndole tambalearse al perder su *orden perfecto*.

### Banalización humorística

Su sentido del humor puede convertirse en un modo de protección, pues le permite poner distancia emocional, pero, finalmente, si solo hay lugar para el cinismo y la ironía en el día a día, nada acaba teniendo valor y se vive en una versión burlesca de la realidad.

Estos son sus mecanismos de defensa y protección, pero no olvidemos que, tras ellos, hay todavía un niño o adolescente extremadamente sensible que se asustó de su propia emocionalidad, y que necesita esconderse de sus propias emociones para no sentirse tan frágil y vulnerable. Pero incluso estos mecanismos, usados desde la mayor rigidez, a veces no funcionan, y el niño o adolescente cae en una espiral de fragilidad que le lleva a sufrir algún trastorno psicológico.

Aprovecho este punto para hacer hincapié en el hecho de que las AACC no son una patología y que estos niños no son más proclives a padecer trastornos emocionales, más bien al contrario. Son resilientes, tienen una gran capacidad para nadar en aguas turbulentas y encontrar soluciones creativas a su propio malestar, a no ser que las olas sean tan altas que el corazón deje de latir a la suficiente intensidad; es entonces cuando caen en el malestar emocional.

¿Y de qué forma? Pues en las formas clásicas en las que el niño y el adolescente ponen de manifiesto su ahogo y su insatisfacción: tristeza, ansiedad, malestar, inquietud, angustia, dificultad para conciliar el sueño, adicción a las nuevas tecnologías... Las diferencias no se encuentran en los síntomas que padece, sino en su contenido, en lo que los provocó.

Vivir en un constante estado de alerta fruto de toda la información que proviene de fuera y de dentro de sí mismo, y sentirse perturbado por ello, conlleva que este niño sufra un malestar de índole somático. Entender tanto, a edades tempranas, a veces es triste, desesperanzador. La incapacidad para detener los pensamientos que no dejan de fluir, el tener siempre alguna idea en mente, a veces dificulta que puedan abandonarse al sueño. Encontrar en las nuevas tecnologías un modo de parar esos pensamientos puede derivar, a veces, en adicción.

El remedio adecuado para todo ello no debería estar relacionado con detener los pensamientos ni (¡menos todavía!) la emocionalidad; más bien al contrario, ese remedio tiene que adquirir forma de reto, es decir, que el niño se pueda sumergir en algo que lo absorba por completo, en un proyecto que le haga crecer. ¡Y proyectos hay tantos! Inagotable fuente de la que beber.

A menudo, las familias con hijos con AACC tienden a generar metáforas para enmarcar lo que viven, metáforas que reúnen una riqueza y una comprensión que, de otro modo, no es posible abarcar. Los padres de María (16 años) me regalaron una metáfora que supone un buen punto y final para entender el funcionamiento emocional de estos niños:

> «El reto consiste en mantener el fuego en cantidad suficiente para obtener luz y calor pero que no llegue a quemar. Así siento qué es».

# Capítulo Dos

## Frustración

Introduzco la llave en el contacto para emprender el gran viaje. Todo está listo. El itinerario perfecto. La lista de los mejores restaurantes. Una exquisita combinación entre diversión y relax minuciosamente planificada. No se podía escoger una mejor época del año, climáticamente hablando, para conocer ese rincón del mundo. Depósito lleno, neumáticos nuevos, niveles revisados... En el maletero, todo lo necesario para mis actividades favoritas y, obviamente, todo lo necesario para solventar cualquier imprevisto. ¡En marcha!

Abro la guantera para extraer cuidadosamente uno de los compactos seleccionados de mi colección de clásicos y, al intentar cerrarla, algo imprevisto me lo impide... ¿Una rodilla? Mis ojos recorren el asiento del acompañante para ver a quién pertenece esa rodilla aunque, íntimamente, ya lo sé.

¡No!... ¿Qué hace aquí?... ¿¡¿Quién la ha invitado?!? ... ¡No puede ser! Me froto los ojos para confirmar que no estoy soñando, pero... ¡no!... al volver a abrirlos me reencuentro con su expresión, mascando chicle entre la suficiencia y el asco. Recoge el CD que se me ha caído del susto y lo vuelve a meter en la guantera sentenciando: «Demasiado lento».

No importa qué música le ponga, una será lenta, la otra demasiado rápida y la siguiente pasada de moda... Después cuestionará mi forma de conducir. Le molestará el aire acondicionado, pero si lo apago, al rato, tendrá calor. El menú del restaurante no será del todo de su gusto, y habría preferido nadar a dar un paseo (siempre y cuando yo no hubiera elegido nadar, claro, entonces hubiera sido mejor el parque de atracciones). ¿Por qué me acompaña a donde sea que voy? Si ella viene ya no vale la pena emprender el viaje. ¡La conozco! Me molesta, me invade, me acongoja, le quita brillo a cualquier cosa que proyecte... ¡Me quita las ganas de vivir! Y lo peor de todo es que no la puedo echar... ¡Maldita frustración!

## 1. La frustración (esa incómoda compañera de viaje)

La frustración es una respuesta emocional que todos nosotros sentimos, con mayor o menor frecuencia, ante el fracaso de un deseo, ante unas expectativas no satisfechas o ante la ausencia de una recompensa que esperábamos. Nos sentimos más o menos frustrados según la intensidad o la voluntad que imprimimos a nuestra conducta para lograr algo y para que, en definitiva, ocurra aquello que deseamos. Si el deseo es intenso, la frustración al no lograrlo es intensa. En el niño con AACC esta emoción aparece a diario y su gestión le ocupa mucho tiempo y esfuerzo.

Al hilo de lo expuesto en el capítulo anterior, todo aquello que define la manera de sentir del niño con AACC ya nos da fieles señales de que la frustración, como emoción que es, también la sentirá con dolorosa intensidad. Si bien no todos los niños con AACC son iguales, puedo afirmar que este niño transitará, a lo largo de todo su desarrollo, un camino difícil en el que tendrá que lidiar constantemente con una frustración que siempre se encuentra a flor de piel.

Desde mi punto de vista, la correcta gestión de esta frustración es la piedra angular en la que se basará la construcción de una autoestima y una autoconfianza sólidas que le permitirán afrontar los errores y las dificultades sin desmoronarse. Por lo tanto, el modo de elaborarla y tolerarla es uno de los pilares que deberán trabajar tenazmente tanto él como los adultos que quieran ayudarle en su desarrollo. Por un motivo u otro, la frustración siempre está presente, a diario y desde pequeños.

## 2. El éxito, un arma de doble filo

La historia de nuestro protagonista empieza con el éxito indiscutible de alcanzar lo que se propone con relativa facilidad. En sus primeros años de vida, su experiencia está teñida por los logros tempranos que gozan del reconocimiento por parte de los adultos que le son significativos. Se trata de un niño que consigue lo que intenta antes de lo que los demás esperan y desarrolla destrezas fundamentales de forma precoz y llamativa, tanto por la rapidez como por el resultado.

En su desarrollo, en su crecimiento, hay aspectos de nuestro protagonista que son radicalmente diferentes respecto a los demás niños. A él las cosas le salen a la primera de un modo un tanto mágico: se lo propone y lo consigue; sin el proceso de ensayo-error por el que pasan habitualmente los otros niños en el camino hacia el aprendizaje, que hace posible el desarrollo de los principales hitos evolutivos. Por ello, cuando se rompe la magia y algo, lo que sea, no le sale a la primera, la frustración le hace sentir desamparado, perdido, sin dirección.

Así le dan forma y lo ilustran las familias, con frases como:

> «Nosotros no le enseñamos a leer, aprendió solo, tan solo le nombramos en alguna ocasión las letras que nos señalaba» «De pronto, empezó a hablar con una persona adulta, y utilizaba un vocabulario muy preciso para lo que quería expresar» «Cualquier operación matemática la entiende sin apenas explicársela, le sale sola, casi sin pensarlo» «Lo recuerda todo, todo lo que le explicamos de temas que le interesan y todo lo que ha vivido» o «Desde pequeño sabía llegar sin titubear al lugar donde teníamos aparcado el coche».

Entonces, ¿qué es lo que hace que, siendo tan brillante, acabe por sentirse tan incapaz? ¿Qué lo hunde en el oscuro pozo de la frustración? Como veremos, hay diversos elementos, algunos internos y personales y otros ambientales y relacionales que lo arrastran hacia la frustración.

## 3. Perfeccionismo y frustración: las dos caras de una misma moneda

El perfeccionismo es el ingrediente básico para la frustración; la salsa de este plato cocinado a fuego lento que siempre supone conectar con la frustración. Y es en este perfeccionismo donde podemos encontrar al mejor de los aliados para la satisfacción de lo vivido o al más cruel de los enemigos que no nos permite ni disfrutar ni avanzar en nuestro camino.

Al niño con AACC se le atribuyen con frecuencia tres rasgos que resuenan en la esfera de su baja tolerancia a la frustración y que, aunque cercanos entre ellos, son suficientemente distantes como para que el diferenciarlos nos dé claridad sobre su posterior manejo. Me refiero al *perfeccionismo*, a la *autoexigencia* y a la *competitividad.*

Entendamos que el *perfeccionismo* es la creencia personal, no solo de que uno puede realizar algo a la perfección, sino de que debe hacerlo de ese modo y no de otro. Lo que no alcanza ese nivel mínimo que íntimamente el perfeccionista se marca, cae en el campo de lo inaceptable, y nada importará los elogios que reciba, él sabrá que no ha estado a la altura de sus propios objetivos. Le cuesta estar satisfecho, sentirse bien con lo que realiza, y cuando siente que ha conseguido sus objetivos, respira tranquilo; si no es así, la experiencia suele quedar teñida por la tristeza, la culpa o la rabia en función de cuáles sienta que son los motivos que le hicieron fracasar.

Es importante puntualizar, para que no se den confusiones, que este perfeccionismo no aparece en todo lo que hace, sino que solo se activa como rasgo propio en lo que para él es relevante. Esto supone, a menudo, una gran paradoja desde el punto de vista de las personas que lo rodean: no se esfuerza en obtener unos resultados académicos excelentes (como podría) y pasa horas construyendo maquetas o legos. Es extremadamente "imperfecto" en el orden que otorga a sus cosas, pero maneja con pulcritud exquisita su colección de libros del espacio. Pretende alcanzar la perfección en aquello que le importa, pero, en lo que no, no se detiene ni un minuto.

Patricia (16 años) reflexionando acerca de su perfeccionismo me confesaba la presión que este ejercía sobre ella:

> «En muchos casos me pongo unos estándares que son demasiado altos e irrealistas. Por eso, cuando no llego a alcanzarlos, me enfado conmigo misma. Es como tener a un entrenador profesional. Me cuesta bastante mirar las cosas desde otra perspectiva y ver que soy la única persona con unos estándares tan altos y que mi frustración no tiene sentido. Creo que soy demasiado autocrítica. Aun así, creo que este perfeccionismo me impulsa, ya que me hace llegar más lejos. La parte negativa es la presión y el estrés que me autoinflijo a mí misma».

Patricia introduce al final de su reflexión –casi sin quererlo– la *autoexigencia* que, aunque muy cercana al perfeccionismo, siento que en el mundo de los niños con AACC supone una vuelta más de tuerca. El perfeccionismo puede ser sano a ciertos niveles, la autoexigencia nunca goza de este aspecto saludable, ya que supone un exceso inherente de los propios límites y, por lo tanto, demanda un estricto control emocional al servicio de intentar sostener una imagen de perfección. La satisfacción no existe, sino que la lluvia de requerimientos y obligaciones autoimpuestos es infinita e inagotable.

El ejercicio terapéutico para Olga (16 años), autoexigente recalcitrante que jamás podría atribuirse el descanso que da saber que lo que hiciste ha estado bien o muy bien, fue entregar todos los trabajos que debía presentar durante aquel curso académico sin ninguno de los puntos y a parte que deben ponerse al finalizar cada párrafo. Os aseguro que sudó tinta para conseguir entregar cada uno de esos trabajos de un modo tan imperfecto, pero, finalmente, me dijo que lo había entendido y que no olvidaría la lección que había extraído de ello: «¡Algo no puede convertirse en una basura solo porque falten algunos puntos! Es totalmente ilógico pensar así».

La *competitividad* es la pretensión de ser el más competente en el área en la que se dé esta actitud, ser el mejor y, por lo tanto, implica una mirada comparativa respecto a los demás para obtener una posición destacada en el grupo o entorno de referencia. La comparación respecto al otro es el motor; el resultado obtenido en la competición es el premio y el objetivo en sí mismo. O se es el mejor o la actividad no sirvió para nada, y la satisfacción solo se siente si se es el mejor.

Marta, madre de un niño y una niña con AACC (7 y 5 años respectivamente) recuerda que un día iban en coche. Era un viaje largo por autopista, con poco aliciente, así que propuso una actividad para hacer el viaje más llevadero para todos. «¡Venga, a ver cuántos coches rojos vemos en lo que nos queda de camino!» El interés por el juego fue nulo en ambos. Así que lo reformuló y la propuesta fue: «¡Vamos, a ver quién es capaz de ver y contar más coches rojos!». La actitud de sus hijos cambió totalmente, parecía que en ello les fuera la vida.

Otro ejemplo sobre esa competitividad me lo explicaba el padre de Josep (11 años): cuando su hijo pierde en algo, intenta no volver a jugar con la persona que le ha ganado. Ellos dos suelen jugar a ping-pong y normalmente es el padre quien gana. Cuando eso ocurre, Josep no quiere jugar contra él y pasa un tiempo jugando contra otros rivales más débiles, como si se entrenara. Cuando se siente preparado y fuerte, vuelve a pedirle a su padre que jueguen una partida. Como podéis ver, las estrategias que idea el niño con AACC para afrontar el dolor de la frustración son inteligentes y variadas.

El niño con AACC a veces disfruta ganando a los demás, pero este no es un rasgo que defina al grupo de forma tan generalizada como puede hacerlo el perfeccionismo o la autoexigencia. Ser mejor que los demás no siempre le motiva, sino que más bien utiliza esa medición como punto de corte que le ayuda a saber hasta qué punto puede estar satisfecho o no de sus resultados. Es como si dentro de él no existiera ese parámetro mediante el cual pudiese saber a partir de dónde uno puede estar satisfecho, y en la comparación consiguiera encontrar una medida desde la que guiarse a sí mismo. En apariencia parece que sea competitivo, pero si vemos lo que hay detrás de esa conducta que se nos presenta como competitividad vemos a un niño desorientado ante la incapacidad de sentirse satisfecho consigo mismo.

Hecha esta diferenciación, podemos trabajar con él en pro de que el perfeccionismo se mantenga en la esfera de lo saludable, de lo motivador, como impulso para lograr retos y sentirse satisfecho por ellos. Pero si ese perfeccionismo se transforma en autoexigencia, es el momento de plantearnos (y plantearle) si ese es el camino deseado o, bien al contrario, el que le puede llevar a sentirse atrapado y permanentemente insatisfecho. Acompañémosle a estar satisfecho de sí mismo, a disfrutar íntimamente de sus propios logros, a estar en paz con su manera de afrontar los desafíos (internos y externos) que se le presenten. Lo de "ser el mejor" es demasiado dependiente del entorno, se encuadra en unos parámetros que fácilmente puede sentir como injustos. Difícil tarea desmarcarse de la competitividad en una sociedad que nos la sirve en bandeja, pero quizás eso en sí mismo sea el reto y en este niño que lo tiene todo para brillar o para marchitarse todavía más.

Como ya he apuntado anteriormente, el perfeccionismo goza de la virtud de presentarse en dos formatos bien diferentes. Por un lado, puede generar una actitud que le anima a implicarse en los objetivos que se plantea, que le impulsa trabajar a fondo y a luchar por ellos, a no caer en el desaliento de la dificultad y a esforzarse por obtener un buen resultado dentro de unos parámetros amplios. Por otro, podemos encontrar una versión más patológica del perfeccionismo que le bloquea. Es un comportamiento que se combina con la elección de metas poco realistas, creando expectativas irreales y que se convierte en un problema cuando el niño con AACC no consigue cumplir esos objetivos extremos que se marca a sí mismo y la insatisfacción le inunda. En el tipo de objetivos que se marque reside, en parte, la encrucijada. Ayudarlo a analizar si lo que se propone tiene oportunidades reales de éxito es básico para poder evitar el malestar y la frustración que conllevan unos objetivos poco realistas. Si no es así, queda atrapado en un bucle sin fin: se siente inepto y su propia autoexigencia, que lo encamina hacia la (supuesta) perfección, le hace generar un discurso muy duro hacia sí mismo, que en el peor de los casos le paraliza. Cuando no permitirse ser "malo" en nada –y cuando digo malo, me refiero a no ser el mejor o a ser segundo– se convierte en una máxima interiorizada, el resultado es un yugo que en lugar de guiarle le hace sentir nulo, incapaz, ahogado o asfixiado por no ser quien se exige ser.

Montse (45 años), emprendedora de oficio, expresa así la lucha entre su perfeccionismo y autoexigencia:

> «*Todo lo haces bien* debe ser la frase que más he oído y que me provoca un estado de ánimo más miserable. Siempre he sido una curiosa, una inconstante en el peor sentido de la palabra. Me apasiona todo, pero de todo me canso. Me está costando un esfuerzo titánico encontrar un camino, una profesión que me satisfaga. Me siento incapaz y absolutamente dependiente. ¿Cómo puedo sentirme tan incompetente si todo el mundo dice que soy brillante? Todos esperan tanto de mí... esto me lastra... Ser una crack significa que nada es fácil: cualquier actuación para mí es un reto, una autoexigencia de perfección, me cuesta un gran desgaste y a menudo me ahogo. Necesito hacer mucho más de lo necesario para asegurarme de que no defraudaré. Para mí nunca está suficientemente bien. Y siempre me paso».

## 4. EL SÍNDROME DEL *MUYBIENISMO*

Vayamos de nuevo a los orígenes. Cuando es pequeño, este niño está acostumbrado a recibir incontables "¡Muy bien!", y estos, poco a poco, se convierten en la *droga* que ansía obtener y a la que no podrá renunciar. Progresivamente, el niño aprende a guiarse por las personas que lo elogian para determinar su autoestima. El niño tiene un enorme deseo de complacernos y a través de nuestros "¡Muy bien!" podemos manipularle para que haga lo que nosotros queremos, pero eso irá en detrimento de su propia autoestima. ¿Qué pasará con este niño cuando no estemos allí para elogiarle? ¿Cómo sabrá entonces si lo que hace es válido o no? ¿Cómo se permitirá el fallo sin miedo a decepcionarnos?

Este mecanismo es un bucle de doble entrada. Por un lado, hay un rasgo que le es innato: él tiene la semilla del perfeccionismo, plantilla con la que afronta los retos que le depara la vida a diferentes niveles: académico, social, lúdico... Por otro, la mirada que el entorno dirige hacía él resulta ser también muy pretenciosa, esperando o deseando de él que haga las cosas bien, a la primera. Casi sin querer, tanto los adultos que le rodean como sus compañeros actúan como una lente de aumento de ese perfeccionismo, ya que esperan que sea brillante y, de modo implícito, a menudo oculto a nuestra propia consciencia; no le damos la opción a equivocarse o a mostrar un resultado por debajo de sus posibilidades.

El Dr. Haim G. Ginott, en su libro *Entre padres e hijos*, describe varias sutilezas en la manera de hablar con los niños y nos propone qué hacer para conseguir que el elogio sea una herramienta para alentarlos y no para dirigirlos. Su propuesta fundamental consiste en cambiar el *elogio evaluativo* por la *alabanza descriptiva*. Por ejemplo, qué diferente es decirle a nuestro protagonista: «¡Lees muy bien!», «¡Eres el más rápido sumando!» o «¡Un cuento perfecto!» –frases que suponen un elogio que evalúa su acción– a decir, por ejemplo: «¿Has leído un capítulo entero tu solo?, ¡se te ve muy orgulloso!», «Se te ve muy concentrado y disfrutando cuando sumas» o «¿Cómo decidiste sobre qué escribir?» –frases que suponen una descripción desde la observación y la reflexión de lo que hace para que él mismo pueda seguir (o no) en esa dirección libremente, y no solo para complacer–.

El niño con AACC, por sus propias características, por todas esas cosas que hace con facilidad desde edades muy tempranas, por todo eso que causa sorpresa en los adultos, por su interés por todo lo que le rodea, por sus ideas, recibe infinitos "¡Muy bien!" y, así, cada vez se hace más y más dependiente de lo que los otros piensan y esperan de él, de querer agradarles y, por último, no puede permitirse fallar porque el miedo a no gustar es directamente proporcional al número de "¡Muy bien!" que recibió. Por supuesto, no propongo no elogiar a este niño, sino pensar cómo queremos que sea ese elogio y el objetivo que perseguimos con él. Ahí reside una parte de aprender a tolerar la frustración, de que les ayudemos a valorarse y no a moverse solamente para agradarnos y para recibir un nuevo "¡Muy bien!".

Si el niño tiene que sentir que hace algo "¡Muy bien!" debemos conseguir que ese reconocimiento se construya desde dentro de sí mismo; debemos ayudarle a poner palabras a cómo le hacen sentir sus propios logros. De ese modo, podrá valorar la relación objetivo-resultado según sus expectativas y no según las del entorno. Y su torre de cubos podrá estar "¡Muy bien!" no solo porque es muy alta o muy bonita, sino porque es "¡Muy azul!", "¡Muy rectangular!" o "¡Muy *supergalacticoespacial*!".

## 5. Causas de la frustración, por si el perfeccionismo no fuera suficiente

El niño con AACC se enfrenta a diario con situaciones que le generan frustración. Conforme va sintiendo que las expectativas que había depositado en algo (o alguien) que le motivaba se van desvaneciendo, la ilusión se va tornando en frustración, en insatisfacción y estalla en una reacción emocional que puede presentarse bajo distintas formas.

> «La frustración tiene que ver con las expectativas no satisfechas, y parece que estas expectativas siempre son altas... Y ante el alto nivel de autoexigencia y de perfeccionismo parece que mi hijo solo

combate la frustración con miedo, con bloqueo, evadiéndose con desinterés, en definitiva “no haciendo”. “No haciendo” hasta que la esperanza vuelve, hasta que la curiosidad o el deseo es más grande que el miedo».

Así lo describe Queralt al observar cómo suele desenvolverse su hijo de 9 años en el ovillo del perfeccionismo.

Veamos algunas de las situaciones que más se repiten y que disparan en el niño con AACC el camino hacia la frustración, ya que conocerlas nos facilitará anticiparnos a los posibles desbordamientos emocionales y nos permitirá ayudarle en la gestión efectiva de su manejo. Esas situaciones que avivan en él la frustración van desde situaciones que acontecen al poner en juego sus características hasta situaciones que tienen que ver con la interacción con los demás, o situaciones fruto del orden mundial de las cosas.

## 5.1. Cuando el cuerpo no alcanza a la cabeza

Nuestro protagonista con AACC topa a menudo con una gran paradoja que es fuente de inagotables frustraciones: lo que para el resto de compañeros son tareas fáciles a él le puede suponer un elevado esfuerzo llevarlas a cabo; sin embargo, lo que para los demás niños representa un reto, algo difícil de superar, a él le resulta fácil y obvio.

La frustración, como hemos visto, viene de la mano de determinados desfases. Por ejemplo, su mente puede ir más rápido que su control corporal o que su capacidad de verbalizar o escribir lo que piensa. La rapidez mental, en muchas ocasiones, se convierte en fuente de frustración cuando otras habilidades no gozan de la misma velocidad. Por ejemplo, la mala grafía aparece en muchas ocasiones como consecuencia de querer escribir rápidamente para atrapar todo lo que quieren o necesitan expresar en un momento determinado y, confrontarse con esa mala letra, le es frustrante.

Cuando no consigue atarse los cordones de los zapatos, cuando su grafía es poco armónica, cuando se sale de la raya al colorear, cuando no logra recortar con precisión, cuando no es ágil saltando a la cuerda, cuando no es bueno jugando a fútbol o cuando le cuesta mantenerse sentado en la silla sin caerse constantemente, ¿cómo no va a sentir que algo falla si todos sus compañeros lo hacen sin esfuerzo? ¿Y qué decir de todos esos grandes proyectos, tan bien elaborados teóricamente, imposibles de realizar debido a su corta edad?

No le protejamos evitando que viva esas situaciones ya que, por su cotidianidad, gozan de la capacidad de que el niño con AACC aprenda a frustrarse y a entender las dificultades como parte del proceso de aprendizaje. Justamente, confrontarlo con la simplicidad compleja que para él tienen algunos asuntos nos da entrada a él y a sus frustraciones más privadas y nos permite ayudarle a incorporar el fracaso y el error como algo normal en su vida.

## 5.2. ¿Hablamos el mismo idioma?

Antonio (4 años) llega a la escuela radiante: ha inventado un juego a partir de algo que leyó anoche y está ansioso por proponérselo a sus compañeros. «Este sí les va a encantar» –piensa–. Por fin llega la hora del patio y, entusiasmado, les expone los objetivos de cada equipo, las normas, las excepciones, cómo se puntúa y qué acciones están penalizadas. Cuando termina, todos se miran entre sí, después le miran boquiabiertos (como tantas otras veces), y se vuelven a mirar entre sí hasta que uno de sus compañeros propone «¿Vamos a jugar a fútbol?» y salen disparados hacia el campo.

Cuando, desde el entusiasmo, propone a sus compañeros un juego que él ha inventado y las normas son tan complejas que los demás no le entienden; cuando ve con claridad cómo realizar un trabajo y los demás no le siguen en su propuesta; cuando le confían la responsabilidad de ayudar a un niño con dificultades académicas y no consigue desmenuzar suficientemente sus explicaciones para que sean comprensibles para su compañero (ya que él realiza los procedimientos compactados y escapa a su consciencia el proceso detallado que sigue); cuando, en definitiva, no consigue encajar en el grupo porque sus intereses son muy dispares o su manera de pensar diferente, nuestro protagonista se siente incomprendido, se siente tan lejano a los demás como si hablaran idiomas distintos.

¿Quién no se ha sentido frustrado después de esforzarse dando una explicación que no ha sido comprendida? ¡Qué pereza tener que volver a contarlo todo desde el principio! Imagina que te sucede cada día. Imagina que, aunque lo repitas, tampoco lo entenderán... Imagina a Bill Murray en *Groundhog Day*.

> Los padres de Xènia de 14 años explican cómo «La mayor fuente de frustración para nuestra hija ha sido siempre la incomprensión: la incomprensión del porqué los demás actúan como actúan cuando, según sus expectativas, deberían hacerlo de otro modo. Cuando era pequeña, era una persona excesivamente inflexible en sus juicios sobre los demás: cuando eran incoherentes, cuando cometían errores o cuando, simplemente, actuaban de modo egoísta. Ella tenía muy interiorizadas las normas éticas, era muy exigente consigo misma en su modo de actuar y no concebía, en consecuencia, que los demás no lo fueran. Su gran capacidad de análisis le permitía ver, además, los hilos de causa-efecto que unen los acontecimientos, de modo que ese análisis rico de la realidad le proporcionaba más argumentos para defender su punto de vista. En general, esto causaba mayor rechazo en los demás, pues la consideraban excesivamente exigente o perfeccionista, lo cual le provocaba a ella mayor frustración, puesto que ella disponía de sólidas razones, de poderosos argumentos, de análisis certeros. De algún modo difícil de explicar, la frustración era fruto de su incapacidad de cambiar el mundo, cuando para ella era evidente que las cosas no iban como debían.
>
> Con los años, no ha disminuido su exigencia ética, ni hacia sí misma ni hacia los demás, pero sí ha aumentado su capacidad para tolerar el error y la imperfección, aunque le cuesta mucho. Es como si el rasero para medir la realidad continuara siendo el mismo, pero le doliera menos que esta no se ajuste a sus expectativas, a lo que a ella le parece razonable; tiene mayor capacidad para aceptar las cosas como son sin que ello signifique que le gusten o las entienda».

Xènia lo consiguió porque sus ganas de pertenecer al grupo eran intensas y pudo moldear su mirada hacia los demás, integrando la diferencia que existe entre lo que ella cree que son las coordenadas de la vida, y respetando que los demás tengan otras. Es decir, aprendió a relacionarse con los demás, desde una valoración positiva de lo que le podían dar (que era mucho, ya que ella deseaba relacionarse con ellos) y no desde el juicio crítico sobre sus actuaciones o la exigencia hacia sus actitudes.

## 5.3. ¿Autosuficiente o náufrago?

Joan (12 años) siente terror a la hoja en blanco. Me cuenta que esto consiste en que le resulta imposible empezar a trenzar un proyecto personal o escolar sin antes sentir que lo sabe todo sobre el tema que tiene entre manos.

> «¡Y todo es todo!, pero claro –sentencia– esto no es posible y ahí quedan mis trabajos tan bien pensados y nunca escritos, bajo la apariencia de no haber hecho nada respecto a la tarea que tenía entre manos».

Lo mismo le pasa con la música, si no controla perfectamente los instrumentos de grabación, la mesa de sonido, los sintetizadores y las entradas MIDI y no tiene el mejor editor de sonido en su ordenador, le es imposible trasladar la melodía que resuena en su cabeza a un formato audible:

> «Con lo fácil que sería pedir ayuda en los aspectos que no controlo y no bloquearme en tenerlo que controlar todo, con lo fácil que sería... y lo que me complico...».

El niño con AACC no *aprendió* a necesitar ayuda y no sabe cómo pedirla. Por un lado, durante los primeros años no la ha necesitado; por otro, es obstinado en conseguir las cosas por sí mismo, solo, sin ayuda: «¡Déjame, yo solo puedo!». Un clásico. Y ahí empieza a saborear el orgullo de hacer las cosas por él mismo y la aprobación de su entorno, que reconoce como rasgo positivo ese plus de empeño en él.

Pedir ayuda, una vez más, le confronta de pleno con el hecho de admitir que no es perfecto y, entonces, se siente débil o inepto. Sin embargo, pedir ayuda es una habilidad esencial para la vida. En las coordenadas en las que se mueve el niño con AACC, entender que necesita ayuda para superar algunos obstáculos y que eso no lo convierte en un inepto es, de nuevo, el reto. El precio a pagar si no lo consigue es, sin duda, la soledad y el pánico a fracasar. Mal escenario para crecer.

De esos escenarios me habla Queralt, madre de Cinto (9 años):

> «La sensación es que, tanto él mismo como los demás, hemos pedido más de lo que le corresponde por su edad a este niño razonable y espabilado, pero no tan maduro como aparenta ser. Como si por saber hacer algunas cosas, hubiera de saber hacerlas todas... como si porque el niño escucha atendiendo las explicaciones que se le dan, le pudiéramos explicar cosas que no puede entender... la sensación es que la ansiedad y la frustración se instauran desde pequeño, como parte inevitable de vivir consigo mismo. Cuando el pediatra nos hizo rellenar una encuesta para determinar los niveles de ansiedad de Cinto, había una pregunta que decía: «¿El niño piensa antes de actuar?» y la maestra de la escuela marcó un "Sí", y dibujó un asterisco que remitía a una frase en el reverso de la hoja que decía: «Piensa tanto, que finalmente no actúa». ¡Qué lástima! ¿Cuántas cosas se debe estar perdiendo? Como madre te inunda la tristeza».

## 5.4. ¡Horror! ¡Un cambio imprevisto!

Cuando se topa con un imprevisto, o peor aún, con un cambio que no había anticipado, la frustración emerge una vez más. Al niño con AACC le suele llevar un tiempo adaptarse a los nuevos escenarios que suponen un cambio en sus rutinas y, de la misma manera, sufre los cambios repentinos. Es como si ya hubiera puesto su actitud, su emoción y su cuerpo al servicio de que se dieran una serie de sucesos y, de pronto, tener que frenar bruscamente y sin previo aviso le enfada.

A menudo, el niño con AACC está cómodo en situaciones en la que siente un *control total*. Su lógica, entonces, no debe confrontarse con los imprevistos, todo transcurre tranquilamente: iba a pasar algo, y pasa. Eso para él es profundamente agradable: que las cosas acontezcan como estaban previstas. Aunque este fenómeno podemos asociarlo a un comportamiento infantil generalizado, de nuevo observamos que en los niños con AACC la magnitud de este comportamiento es mayor.

Cuando pueden vivir los imprevistos o los cambios en el último momento de un modo más tranquilo, esto indica que la flexibilidad como rasgo de su personalidad está tomando forma en su interior. Eso es de un valor incalculable en él, como veremos con detalle en el capítulo de "Pertenencia".

Gemma, madre de dos niños con AACC (11 y 8 años), nos ayuda a ilustrar esa frustración que acompaña los cambios imprevistos con el siguiente ejemplo, que vivió recientemente con su hijo mayor:

> «Los martes y los jueves son los dos días que mis padres recogen a los niños del colegio cuando salen por la tarde, ya que nosotros estamos trabajando. Normalmente esos días van directamente a mi casa y allí meriendan antes de llevar al pequeño a fútbol sala. El mayor se queda un rato con la yaya antes de ir a inglés y así está un rato tranquilo y a su aire.
>
> El día de autos, estando ya en la puerta de la escuela, mi padre les dijo que antes de ir a nuestra casa irían un momento a la suya porque venían a hacer la revisión del gas. El mayor, que por entonces tendría unos 10 años, empezó a chillarle con una indignación mayúscula. Llegaron a su casa, siguió llorando y, cuando quisieron darse cuenta, el niño se había ido de la casa. Había saltado el muro del jardín y se había marchado. Estuvieron casi dos horas buscándolo por todo el pueblo.
>
> Al cabo de ese interminable rato de angustia, volvió por propia iniciativa y dijo que había estado todo el rato en un banco que hay a escasos cien metros de casa de mis padres. Dijo que no se había movido desde que se había ido y que lo había hecho porque estaba tan fuera de sí que necesitaba pensar. También expresó que fue caminando por la acera porque él no era tan tonto como para poner su vida en peligro.
>
> Parece que todo se desencadenó porque a una hora determinada había quedado con una compañera para jugar online con la *Nintendo* que estaba en nuestra casa. El cambio de planes que hizo mi padre, sin previo aviso, desencadenó una tormenta perfecta».

## 5.5. La escuela: tan prometedora, tan decepcionante

El niño con AACC, que está deseoso de nuevos conocimientos, llega a cada nuevo curso con un montón de preguntas que quieren ser respondidas, un montón de temas que quieren ser investigados y unos sentidos abiertos a todo cuanto pasa a su alrededor, porque todo el mundo le ha dicho: «¡Este curso vas a aprender mucho!».

La escuela no es decepcionante. ¡Ni mucho menos! A pesar de que el modelo en el que nos movemos es la escuela inclusiva, no creo que sorprenda a nadie al afirmar que no todos los colegios son para todos los niños. En la actualidad, algunos incluso hablan de cambio de paradigma a nivel educativo, al existir diversos modelos pedagógicos que pueden respaldar el proyecto educativo de una escuela y que pueden ajustarse en mayor o menor medida al niño con AACC.

No es el objetivo de este capítulo ni de este libro abordar el tema de la escuela para los alumnos con AACC, quizás en otra ocasión lo haga. Pero no puedo, por la importancia que ello tiene, dejar pasar esta reflexión en torno a la metodología escolar y el enfoque que, sobre el propio hecho de aprender, puede marcar un modelo en la escuela.

Al igual que tampoco puedo dejar de dedicar unas líneas a tantos profesores que creen en su trabajo y ayudan a estos niños a que la escuela sea un lugar nutritivo para ellos a todos los niveles. Desde aquí, gracias.

Dicho esto, a veces, el niño con AACC no se siente afortunado con la escuela a la que ha llegado, y los que vivimos junto a él y su frustración hemos constatado que, a menudo, hay situaciones que se repiten.

Cuando en la escuela, día tras día, explican lo que él ya sabe, se frustra. Cuando le piden que haga dos hojas más de la misma operación, se frustra. Cuando le quieren enseñar las letras y él ya lee, se frustra. Cuando merece que su nota sea un excelente y le ponen un notable *para motivarle*, se frustra. Cuando se equivoca en algo sencillo porque la repetición le hace perder la concentración, se frustra. Cuando le ponen al cargo de un grupo para que un trabajo salga bien y se convierte en el peón de sus compañeros, se frustra. Cuando el libro de lectura es tan simple que le adormece y cuando le hacen escribir el procedimiento por el que resuelve un problema matemático una y otra vez, se frustra. Cuando castigan a todo el grupo porque algunos no se comportaron correctamente, se frustra. Cuando profesores que desde el desconocimiento generan unas altas expectativas hacia él o, por el contrario, señalan lo que no hace bien para mostrar que no existen las AACC en él, se frustra. Cuando sus compañeros se ríen de él por su manera de expresarse, se frustra. Cuando envidian sus tareas de enriquecimiento y le ofenden insultándole, se frustra.

Que los maestros y profesores que trabajan a diario en las aulas conozcan las características emocionales de este tipo de alumno, más allá de las ideas preconcebidas que circulan desde hace años sobre los niños con AACC, favorece que puedan ayudarlos a crecer descifrando sus necesidades, satisfaciendo y estimulando su sed de conocimiento y evitando bloqueos provocados más por el cómo que por el qué.

## 5.6. ¡Qué injusta es la injusticia!

La injusticia forma parte de la vida, ¡¿qué le vamos a hacer?! Los gusanos de seda mueren, algunos profesores puntúan bajo, los árbitros se equivocan, comer muchos dulces es malo, las desigualdades sociales existen y las guerras se producen; es muy injusto, pero estas cosas seguirán sucediendo porque nuestro protagonista no tiene el poder de hacerlas desaparecer de un día para otro.

Es más, si no existiese una justicia universal, ¿quién tendría que dirimir en quién recae la razón cuando dos partes no se ponen de acuerdo en algo? La mayoría de nosotros podemos asumir un discurso racional que nos permite seguir con nuestros asuntos a pesar de que algunas situaciones injustas nos generen tristeza, rabia o dolor. Para el niño con AACC, en cambio, no hay discurso racional que pueda apagar el fuego que arde dentro de él ante las situaciones de injusticia; no se trata de que las situaciones le afecten personalmente o no, la causa de un colectivo en la otra punta del mundo le puede remover tanto como el castigo desmesurado que se le ha impuesto por la mañana en la escuela.

El drama, la desesperanza y la frustración son la incapacidad de asumir que si no somos capaces de llegar a un acuerdo común sobre lo que podríamos determinar como "universalmente justo o injusto"; si no podemos encontrar una barra de medir compartida para calibrar lo que, a sus ojos, es obviamente injusto, ¿cómo podrá él erradicar de su vida esas injusticias cotidianas que tanto le hacen sufrir? (por no hablar de las grandes injusticias mundiales).

El paso de los años juega a su favor e irá aprendiendo, no tanto a no sentir rabia ante las injusticias como a poderla mantener en unos parámetros más manejables a partir de tres premisas básicas que debemos ayudarle a incorporar durante los años de infancia y adolescencia. Me refiero a asumir la existencia de las injusticias como parte de la vida, no apropiárselas cuando tienen que ver con temas universales o mundiales, y luchar contra ellas (si quiere) *solo* cuando caigan en su ámbito de actuación.

## 5.7. Las medallas hay que ganárselas

Como me decía el padre de Ricard (12 años), en la cabeza cartesiana de su hijo no cabe que un profesor no sea experto en la materia que debe impartir o que un entrenador de fútbol sea ineficiente al dirigir a su equipo hacia la victoria. Para Ricard, la ineficiencia es una variable muy difícil de aceptar.

La relación del niño con AACC con las figuras a las que debe respetar porque están en una posición de autoridad a menudo se hace imposible, se convierte en un objetivo titánico que le genera una gran dosis de malestar si él no considera legítima la autoridad que dichas personas ostentan.

Entendamos como autoridad aquella potestad o prestigio que reconocemos a alguna persona y que le da un poder o una cuota extra de influencia sobre nosotros mismos. Para el niño con AACC, difícilmente esa autoridad será *concedida* al otro por la mera posición social o cargo que tenga asignado, sino que más bien tendrá que ser legitimada por una competencia reconocible en el campo en el que esa persona pretende ejercer una autoridad sobre él.

Solamente a través de una mirada de admiración hacia su competencia palpable, el niño con AACC legitimará que aquella persona es una figura de autoridad para él y, por lo tanto, la respetará y obedecerá sus requerimientos. Sin embargo, si esa persona se muestra poco competente en cuanto a conocimientos o calidad humana, el niño con AACC tendrá grandes dificultades para mantener la jerarquía de esa relación. Vendría a ser como si la persona que intenta colocarse en el lugar de autoridad debiera, previamente, demostrar que lo merece, que es digno de ejercer ese poder. Un ejemplo típico es el del profesor que no queda legitimado por nuestro protagonista como una figura de autoridad, despertando en él actitudes que pueden ir desde la desconexión en sus clases hasta el más puro sabotaje de estas. Lo que hay en el fondo es la frustración.

Podemos entender todos estos aspectos en el niño con AACC como una derivada más de su propia exigencia, esta vez proyectada sobre el otro. Pero yo siento que más bien son una manera de vivir con una gran dosis de coherencia interna, unos valores que dirigen su propia conducta y sus relaciones basados en la honestidad y la claridad; una plantilla relacional en la que nada se da por supuesto, sino que las relaciones se dibujan en función de lo que estas aportan. Y podrá parecernos un posicionamiento adecuado o no, pero debemos admitir que supone una gran riqueza y una gran capacidad de crítica que esto sea de este modo.

Hasta aquí lo que aviva la llama de la frustración en el niño y adolescente con AACC. La quemazón de esa llama nunca le deja indiferente. Cuando esa frustración es puntual no tiene por qué tener repercusiones duraderas a nivel emocional; ahora bien, cuando la frustración es la norma y no la excepción en su cotidianidad, esta tiene consecuencias en su manera de sentir.

## 6. Consecuencias de una frustración sostenida

Veamos cuáles son los peajes a los que debemos estar atentos para proteger al niño y ayudarle en el manejo y la tolerancia respecto a la frustración, porque ahí se está gestando, se está enquistando más bien, una emocionalidad que queda bloqueada por la rabia, motor último tras el que se reviste la frustración y que puede evidenciarse bajo diferentes formas.

## 6.1. De la baja autoestima al autodesprecio

Marc (5 años) está angustiado con el paso a primaria. Tras un P5 repleto de frustraciones ha llegado a la conclusión de que es tonto, y siente miedo de no estar a la altura de lo que los adultos le anticipan que viene con la Educación Primaria. La realidad es, que conste, que sus profesores están pensando en que promocione de curso y por eso yo estoy evaluando si emocionalmente está preparado. Me dice: «Soy un vago y además nunca acabo los trabajos, soy tonto en comparación con los demás, no seré capaz de aprobar primero de Primaria, ni siquiera puedo atarme rápidamente los botones de la bata, ni recordar que por la mañana lo primero que debo hacer es dejar la agenda en la cesta». A nuestros ojos, el planteamiento es, obviamente, descabellado y hasta tierno por lo ingenuo de sus pensamientos... A los suyos, es aterrorizante.

La autoestima se desarrolla, y es fruto de la percepción que tenemos de nosotros mismos y de la mirada que recibimos de los que nos rodean y nos son significativos. Una autoestima sana implica una valoración positiva de nosotros mismos, sentirnos válidos, valiosos y, en consecuencia, confiados en nuestros recursos para lograr lo que deseamos de una forma eficaz.

En contraposición, el niño con AACC que no puede sostener la frustración queda constantemente conectado a ella. Ya sea porque su corta edad no le permite alcanzar sus propósitos, o porque el pequeño tamaño de su cuerpo no le da para sus objetivos, o porque su autoexigencia nunca le deja estar satisfecho con sus producciones, o porque su perfeccionismo no le permite acabar las tareas a tiempo, o por todo ello: su autoestima queda dañada. Si la frustración es frecuente, el valor que se da a sí mismo es cada vez menor, y puede llegar a sentirse totalmente inútil, tonto o inepto. Entonces, la pobre autoestima deja lugar al autodesprecio.

El autodesprecio es odio que el niño siente hacia sí mismo por no ser suficientemente apto a su propia mirada; ahí queda atrapado, en un fuego cruzado entre quien se exige ser y quien siente que es. La distancia entre ambos se va convirtiendo en una zanja cada vez más profunda que lo desarma de los recursos necesarios para poder afrontar las situaciones cotidianas que debe manejar y, de ese modo, va acumulando experiencias que le confirman lo inepto e inútil que es.

De nuevo, a partir de un punto, el bucle ya funciona por sí mismo y el niño no ejerce ningún control sobre él. Lo que vive desde su sentimiento de inutilidad solamente refuerza la visión que tiene de sí mismo sobre su propia ineptitud y el hecho de percibirse de este modo, hace que cada vez pueda activar menos los recursos que claramente posee.

## 6.2. Agresividad o culpa

La maestra de P5 de Thiago (6 años) contó a su familia que un día ella se confundió al escribir la fecha en la pizarra y Thiago, muy prudentemente, le dijo que se había equivocado. Ella al darse cuenta sonrió y él, muy serio, le preguntó si no estaba enojada por haberse equivocado.

La frustración busca a menudo la salida a través de conductas agresivas hacia uno mismo o hacia los demás. El niño vive sumergido en un estado de irritabilidad y sentimos que debemos ir con pies de plomo para no herirlo o para que no explote dando golpes, llorando desgarrado, culpabilizándose, verbalizando que quiere morir o que quiere dejar de pensar.

Durante la primera infancia y el período preescolar (de los 2 a los 5 años) aparecen y perduran las rabietas y su intensidad en el niño con AACC es notable. Estas aparecen cuando el niño no encuentra el modo de expresar con palabras su propio malestar y, a pesar de que el niño con AACC tiene un manejo excepcional del lenguaje, este no siempre acude a su llamada para rescatarle y expresar serenamente lo que siente. Su desarrollo disincrónico entre lo cognitivo y lo emocional está a menudo en el origen de esas pataletas.

Durante el período escolar (de los 6 a los 11 años), las pataletas se transforman y la frustración encarna actitudes y comportamientos agresivos y que pueden verse exteriorizados en la negativa a hacer los deberes, lanzar los libros al suelo, hacer mala letra de modo deliberado o alargar el tiempo en hacer los deberes hasta el infinito, como forma de poner de manifiesto el malestar que le produce lo que asiduamente vive en el aula. Pero la agresividad, fruto de la frustración, va mucho más allá de comportamientos relacionados con la escuela.

Me refiero al niño con AACC que no dispone del tiempo suficiente para algo y prefiere romperlo o destruirlo antes que dejarlo a medias; al niño que cuando ante la dificultad de tocar una determinada pieza musical intenta memorizar la partitura porque eso le resulta más fácil que leerla y ante una negativa de su profesor se pone nervioso y explota; al que cuando se siente diferente a sus amigos o ellos se sienten diferentes a él y se siente culpable por ser como es; al que cuando se evade en sus pensamientos y después siente rabia por haberse perdido de nuevo una conversación que tenía lugar ante sus ojos, o al niño al que cuando le es muy difícil explicar cómo se siente, ya que sus sentimientos en sí son complicados y el otro no le entiende.

Ya durante la adolescencia, esta agresividad que provoca la frustración sostenida se pone de manifiesto transgrediendo la norma de un modo más desafiante. En un periodo en el que la confrontación está muy presente como manera de diferenciarse, de afirmarse y de crecer, en el caso de los niños con AACC puede transformarse en sufrimiento intenso, tanto a nivel personal como familiar, al sumarse lo que es propio a esta etapa del desarrollo y la frustración acumulada a lo largo de la infancia, eclosionando todo ello de modo que su manejo se siente como imposible. A menudo, la familia expresa que, a pesar de no tener la edad cronológica en la que se entiende que empieza la adolescencia, su hijo muestra conductas que se dan en esa etapa del desarrollo. Así es, estos niños entran antes en esta etapa con el desafío que ello conlleva a distintos niveles.

Luca (8 años), como continuación a la rabia, a menudo queda sumido en la tristeza y le suele expresar a su madre su pesar por ser un hijo tan difícil. La tristeza a menudo es el poso, la resaca emocional, de la frustración en la que queda alojado el niño con AACC que no consigue vivirla de forma sana. La tristeza supone un escalón más profundo a la rabia por lo que tiene de paralizante, y ahí, el niño puede sentirse realmente incapaz y desconectar del deseo de ser.

¿Agresividad o culpa? ¿Tristeza o rabia? Como bien indica Jorge Bucay (2002) en uno de sus cuentos, «bajo el vestido de una podemos encontrar a la otra», en cualquier caso, hemos de tener en cuenta que en la base de las dos puede existir una gran dosis de frustración.

## 6.3. Miedo a ser un fracasado

Nico (12 años) lo expresaba del siguiente modo:

> «El miedo a equivocarme no es comparable en mí a ninguna otra cosa que pueda sentir. Por su grandiosidad. No equivocarme es una máxima que me oprime, me aprieta, no me deja ser yo mismo, quejarme, no me deja escapar de la mirada positiva que necesito que los demás tengan sobre mí. Me hace olvidar mi *"yo" en pro de mi "yo perfecto"*. En el fondo, y si me pongo totalmente honesto conmigo mismo, el miedo a equivocarme en realidad esconde el miedo a defraudar, a perder al otro y que el amor de los otros hacia mí se desvanezca. Hasta el día de hoy, esto no ha sucedido, no soy ni me siento un fracasado, pero el monstruo sigue ahí, a veces siento que está esperando a que yo me relaje para devorarme».

Lo que deseas, por motivos más o menos conscientes, y en lo que has invertido un esfuerzo y una energía que finalmente no se ve recompensada cuando has conseguido tu propósito genera malestar. Se dice que, para alcanzar el éxito, primero hay que fracasar. El niño con AACC no lo vive en absoluto de este modo, sino que entiende que si fracasa *es* un fracasado; ese fracaso, tiñe todo su ser y lo sumerge en el miedo o en el pánico. Parece que para él no hay nada más allá del fracaso, no lo entiende como un escalón en el proceso de aprendizaje o de la cadena hacia el éxito. Lo toma en términos absolutos, una vez más, el todo o nada, el blanco o el negro sin matices, sin escalones intermedios.

El niño con AACC tiende a explicarse a sí mismo y sus experiencias a través de polaridades. Narra su vida y sus características a través de un cierto número de polaridades: es perfecto o inútil, es válido o inválido, es inteligente o es tonto, es querido o es odiado. Esta falta de matiz sobre la propia experiencia imprime una distorsión en su propia imagen y, en consecuencia, en su valía y su modo de afrontar las situaciones.

El miedo a la equivocación es poderoso y moldea la manera de estar en el mundo y de relacionarse. Me explica Mario (14 años) que cuando se equivoca –ya sea dando el resultado de una operación matemática o contando un hecho histórico de forma errónea– se siente como si hubiera decepcionado a los demás, como si hubiera actuado mal, como si fuera mala persona, sintiéndose muy avergonzado por ello y con ganas de pedir perdón. Me cuenta como, a menudo, abandona las conversaciones o habla menos por el miedo a equivocarse. Siente que tiene la fama de saber de todo y equivocarse le hace sentir muy ridículo.

Y es que aprender a tolerar los errores, y por lo tanto a fracasar, es un arte en el que el niño con AACC se siente desprovisto del pincel adecuado, una disciplina en la que se siente analfabeto. Ante tal abismo, siente que es mejor no intentarlo antes que experimentar la angustia que provoca el error. Huir. El miedo a equivocarse o a fracasar le lleva a postergar actividades que son susceptibles de hacerle afrontar tal situación, o a sentirse bloqueado en el sentido más absoluto de la palabra, paralizado, atado de pies y manos. Acaba por no asumir riesgos que lo lleven más allá del área de confort en la que no siente la amenaza del error y su confrontación.

## 7. ¿Cómo fracasar con éxito?

Para ayudar a este niño a conjugar el verbo fracasar en todos sus matices debemos acompañarle a encontrar una respuesta a esta pregunta. El fracaso es una muestra más del hecho de que no es perfecto, esconder la cabeza hasta que pase el peligro lo siente como una protección, pero esa es una solución efímera. El continuo que presenta en sus polos el éxito y el fracaso es un proceso, y ahí también se pierde el niño con AACC. Cada reto no es un experimento único que valida o invalida su capacidad, sino que es un experimento más para acercarse a su objetivo.

Acompañémosle a entender que el fracaso forma parte del aprendizaje, del madurar; reconozcámosle que fracasar no es sencillo, y cuando la frustración lo inunde y se sienta fracasado asistámosle para ampliar la mirada que tiene sobre sí mismo y ayudémosle a entender que en aquella ocasión falló, solo eso, y que eso le da una información valiosa para mejorar y rectificar lo que sea necesario en la próxima ocasión.

La frustración siempre le acompañará vaya donde vaya, debido a su historia de éxitos en las primeras etapas y a su propensión hacia el perfeccionismo que tan propia le es. Aprendiendo de ella, esta frustración irá cambiando de forma, moldeando su figura, dejando de ser arrolladora para ser manejable, formando parte del proceso de aprendizaje y no bloqueándolo; recogiendo en el error la dirección para dar un nuevo paso y avanzar, y reconociendo, en cada nuevo éxito, la culminación de lo aprendido en una historia de necesarios fracasos previos.

Mina

# Capítulo Tres

## Pertenencia

Elaboración de un lazo:

*Material:* cordel o cinta, ganas, un poquito de habilidad.
*Dificultad:* según capacidades.
Instrucciones: para crear un lazo, primero coja una de las puntas del cordel o cinta con los dedos índice, corazón y pulgar de una mano. A continuación, haga lo mismo con el otro extremo y con la otra mano, y levántelos. En este momento, sus manos deben sostener una especie de U desde las puntas de sus tramos verticales. Doble cada uno de ellos por la mitad bajando las puntas superiores de cada uno de dichos tramos verticales, debiéndole quedar algo parecido a esto: *ll*, lo que llamaremos "las orejitas". Ahora cruce las dos orejitas entre sí, poniendo la una sobre la otra formando una X unida por la base. Coja la punta superior de la orejita que ha quedado en la parte posterior de la X, termine de rodear la otra y lleve su punta hasta el orificio que había quedado en la base (unida) de la X. Con mucho cuidado atraviese ese orificio desde delante hacia atrás tirando de la punta de la orejita con una mano y sosteniendo la punta de la otra oreja con la otra mano. Vaya tirando de ellas haciendo que el nudo que se ha formado vaya apretándose, teniendo cuidado para que no se escapen los cabos sueltos. Cuando el nudo esté prieto debe quedar una orejita y un extremo del cordel a cada uno de sus lados. ¡Felicidades! ¡Acaba de crear un lazo!
*Consejo:* Como ha podido comprobar, el proceso tiene cierta dificultad. Si en algún momento del proceso el lazo se descompone, vuelva al inicio de las instrucciones e inténtelo de nuevo.

## 1. La necesidad de pertenencia

Las personas somos animales sociales y formar parte del grupo nos permite satisfacer nuestra necesidad de pertenencia. Necesitamos de los demás; tener uno o varios grupos de los que sentirnos parte; formar parte de algo más grande que nosotros mismos. Y aunque, claro está, también necesitamos independencia, estar cerca de otros nos hace sentir bien. Siguiendo la jerarquía de necesidades planteada por Abraham Maslow en su libro *Motivación y Personalidad* (1954), se establece la pertenencia y el ser aceptado por el grupo como una necesidad humana fundamental.

La relación con el otro cubre aspectos afectivos importantes, ya que necesitamos dar y recibir afecto para sentirnos nutridos en el plano emocional; en ese aspecto, el grupo supone protección, afecto y cuidado de sus miembros. De ahí la importancia de pertenecer. La familia es el primer grupo del que formamos parte y en él se empiezan a gestar las bases de nuestra manera de interaccionar con los demás. Luego vamos introduciéndonos en otros grupos como son el de la escuela, el de las extraescolares, el del barrio, etc.

Un grupo nace a partir de una o varias características que definen su identidad, algo que supone el eje vertebrador sobre el cual se constituyen las relaciones entre sus miembros. A veces, esta identidad descansa en intereses o aficiones comunes, otras veces en objetivos o metas compartidas; en unas ocasiones, se comparten habilidades o el gusto por determinados conocimientos y, en otras, vivencias que nos hacen empatizar, de algún modo, con los demás.

El niño con AACC quiere pertenecer al grupo, los demás le interesan; los quiere cerca; los necesita. Pero no siempre lo consigue. Veremos de qué depende el éxito o el fracaso relacional y lo que de él se deriva con el paso de los años.

## 2. Es imposible no comunicar

Relacionarse con el otro implica comunicarse con él, trazar un vaivén de lazos en los que descansa y se apoya la interacción. La comunicación supone un intercambio de información a través de un código y utilizando un canal para ello en un contexto determinado. Observemos en qué parámetros se da este intercambio y cuáles de sus características afectan particularmente al niño con AACC.

El lenguaje verbal, aunque no es el único, es uno de los principales códigos que hace posible que nos comuniquemos con los demás. La forma de hablar es uno de los elementos característicos y más visibles que definen al niño con AACC: el tipo de vocabulario que utiliza; la estructuración de las frases; y la calidad del discurso son los rasgos que desde pequeño lo delatan como alguien más capaz. «Habla como un anciano en comparación con los demás niños» es una de las afirmaciones más recurrentes entre los padres de los niños con AACC. Y es que este niño utiliza un vocabulario rico y ajustadísimo a lo que quiere expresar, unas palabras que consiguen tejer muy finamente su discurso, repleto de matices, sus palabras son esas y no otras porque se ajustan a lo que quiere expresar. ¡Cuántas veces, en terapia, me veo atrapada buscando con ellos la palabra justa que consigue dar forma a su pensamiento o emoción! Y os aseguro que no es posible continuar si no estamos de acuerdo en esta narrativa compartida que no sienten trivial en ningún caso.

El lenguaje del niño con AACC le sitúa en un plano paralelo al grupo, y ajustar el modo de expresarse a su interlocutor implica, en gran parte, el éxito o el fracaso en la interacción. Los demás no necesitan esta minuciosidad en la descripción ni en la explicación, no necesitan tanto matiz para expresar una idea; pueden relacionarse, aunque no sientan que el otro entiende al 100% lo que expresan; de hecho, puede que ni se lo planteen. Para los niños con AACC, esto de ninguna manera es así.

Patricia (13 años) a menudo me explica lo difícil que le resulta ser ella misma con alguien, porque necesita saber si la otra persona la entenderá o pensará que está loca. De ahí siente que nace su dificultad para sentirse parte de un grupo, ya que, al tener, *intelectualmente,* dos años más a veces le cuesta sentirse identificada con la gente de su misma edad. Pero tampoco se siente identificada con la gente mayor a ella, ya que no ha vivido los mismos años que ellos ni las mismas experiencias. «Es muy difícil lidiar con el sentimiento de no pertenecer a ningún grupo realmente» concluye Patricia.

Al comunicarnos, siempre se parte del mensaje que es transmitido con palabras. Más allá del lenguaje verbal se abre otro, el lenguaje no verbal, que es todavía más poderoso, si cabe, que el primero, por la información que nos da y que también es necesario saber interpretar. Si el lenguaje verbal y no verbal se combinan, forman un "todo" rico y comprensible; sin embargo, cuando entran en conflicto y se contradicen la comunicación se ve bloqueada. El contenido objetivo es fácil de discernir, pero el mensaje implícito es más difícil de interpretar.

Hay algo que no falla en el arte de comunicar, y es que todo lo que no logra expresarse de un modo abierto, busca expresarse de algún otro modo. Sabemos mentir mejor con nuestras palabras que con nuestro cuerpo, nuestras expresiones no verbales suelen ser mucho más honestas que nuestras palabras, menos sometidas al *deseo de* o a la *intención de*, y el cortocircuito acontece cuando aparecen discrepancias y ambas no comunican el mismo mensaje. Por ejemplo, si queremos transmitir seguridad pero no la sentimos, nuestras palabras son traicionadas por una mirada huidiza, por nuestra rigidez corporal o por el enrojecimiento de nuestras mejillas.

El niño con AACC es especialmente hábil en percibir estas discrepancias, muchas veces responde en función del mensaje no verbal, más de lo que el interlocutor le comunica con palabras. No de forma consciente o intencionada, sino por su síntesis del mensaje global. Entonces, ¿por qué lo que parece una virtud termina transformándose en un problema?, ¿por qué hay tantos talleres de habilidades sociales para niños con AACC si, por lo dicho hasta ahora, parece que la comunicación es su punto fuerte?

Como grupo, y generalizando, los niños con AACC no muestran un *déficit congénito* en habilidades sociales. Por un lado, son unos grandes receptores interpretando a la perfección toda la información que perciben, tanto de forma verbal como no verbal. Por otro, tienen un amplio vocabulario y una comprensión vasta de la realidad que les permite elaborar un mensaje coherente y sólido. El problema, desde mi punto de vista, está en una combinación de tres factores.

# 3. LAS TRES PIEDRAS EN EL ZAPATO

## 3.1. Rigidez

La rigidez es la primera piedra en el zapato relacional. Una caña de bambú es flexible, moldeable, puede dejarse zarandear por el viento más o menos intenso, sin peligro de romperse y siempre vuelve a su forma. El viento no es un peligro para ella, ya que bailará con él, sin perder su esencia y con la tranquilidad de poder volver a estar erguida cuando el viento amaine.

Una columna de hormigón, en cambio, es rígida. Sólida y rígida. Si queremos moldearla no lo lograremos. Si sopla el viento resiste imperturbable. Y si la fuerza del viento aumenta la columna resistirá. Eso sí, también es probable que, con el tiempo, el viento vaya debilitando su solidez adelgazándola partícula a partícula. También es posible que, un día, el viento adquiera una fuerza superior a su capacidad de resistencia. Entonces se partirá, y jamás podrá volver a ser la columna que fue.

Ese es el juego entre la rigidez y la flexibilidad. Si el niño con AACC puede flexibilizar sus conductas, sus palabras y/o sus actitudes en función de su interlocutor o del grupo, y por lo tanto, consigue adaptarse, será un líder nato. Las AACC le dan un gran potencial para cubrir ese rol; para proponer en función de las necesidades del grupo; para abordar las dificultades con ideas creativas; para poder promover con sus toques de humor el contacto divertido o que los problemas no sean tan insalvables; o para conseguir que un trabajo en grupo llegue a buen puerto.

Pero si entra en la esfera de lo social desde la rigidez, desde el "no poder ser caña de bambú" ante las necesidades de los otros, las relaciones se irán tensando. Él cada vez se sentirá más desconectado y menos validado por los demás, sin poder adaptarse, y se sentirá juzgado porque no le entienden en sus intenciones, en sus propósitos... en nada. El aislamiento es el fin de ese camino, un aislamiento que no desea, pero en el que, al final, sobrevive gracias a su mundo interior aunque, evidentemente, con el malestar de no poder satisfacer su necesidad de pertenencia.

## 3.2. Disincronía social

Pablo (4 años) me pregunta perplejo por qué a los demás no les interesan los juegos que propone. A él le parecen tan ricos y con tantas posibilidades que no puede entender que los demás no vibren como él ante la posibilidad de jugar. Él los inventa: «Más bien –me dice–, estallan en mi cabeza», yo intento que me explique uno de ellos. Quedo aturdida. Imagino cómo se deben sentir sus compañeros.

Algunos niños con AACC saben discriminar los comportamientos aceptados socialmente de los que no lo son, y también son capaces de elaborar estrategias para ser aceptados. La disincronía social es la segunda piedra en el zapato. Se sienten diferentes y es que son –en algunos aspectos, no en todos– diferentes. Eso es cierto. Que sepan cómo se llama esa diferencia, es decir, saber que poseen altas capacidades, a menudo les da descanso: «¡Ah! ¡Solo es eso! ¡Menos mal!» –me dicen a veces–.

El desfase entre él y los demás aparece cuando utilizan una palabra poco habitual para su edad, cuando sienten interés por algo poco habitual para su edad; cuando pueden conectar varias ideas entre sí para crear una nueva y eso no es lo normal a su edad; cuando señalan un error que cometió su profesor y eso no es lo normal en los niños de su edad; cuando el juego que proponen es demasiado complejo para su edad; cuando no disfrutan de pintar como es habitual en los niños de su edad; cuando prefieren ir a un museo y no al parque como es habitual a su edad; cuando prefieren un documental a unos dibujos animados; cuando prefieren recoger insectos en patio a jugar a fútbol y eso no es habitual a su edad; cuando prefieren conversar de política y no de la ropa que se pondrán y eso no es lo habitual a su edad; cuando prefieren atender en clase y que esta sirva para aprender y no boicotear al profesor y esto no es lo habitual a su edad; cuando se niegan a seguir un castigo colectivo porque no aparecen los verdaderos culpables y eso no es lo habitual a su edad…

Como ves, la disincronía social tiene que ver con actitudes, comportamientos o deseos que *no son habituales en los niños de su edad.* Esto les hace sentir extraños en su grupo de iguales. Por este motivo, esas disincronías suelen ir a menos conforme el grupo va creciendo y el mero paso de los años hace que esos desfases ya no sean abismos entre él y los demás. De ahí que, a menudo, estén mejor entre niños mayores, ya que se sienten más próximos a ellos a muchos niveles, aunque no a todos.

Ahora bien, si le hablan del partido de anoche y él responde con un análisis digno de Góngora en lo que a vocabulario se refiere se llevará un chasco. Si le preguntan «¿Qué tal?» y él saca a colación (otra vez) su teoría de la relación de los compositores del barroco con el reino de Mordor se llevará un chasco. Si un compañero le dice «Me voy a quejar a la profe por la nota que me ha puesto» y él se da cuenta de que una cosa es lo que se dice y otra lo que se hace y no pudiendo reprimir un «No podrás...» (con cierto retintín que suena a «Todos conocemos a la profe y tú no has visto con qué cara lo has dicho») se llevará un chasco.

Si el niño dispone de la flexibilidad necesaria como para leer y corregir las causas de cada chasco; si puede adaptar su lenguaje a su interlocutor cuando convenga; si puede hablar de temas de interés común *además* de los que a él le interesan; si puede entender que ser sincero no está reñido con ser oportuno; o que a veces el otro necesita que se escuchen sus palabras y no que se interpreten, irá moldeando sus habilidades sociales, implementándolas y sacando el mejor partido de ellas.

Si por el contrario la acumulación de chascos le bloquea y le blinda en una especie de ejercicio de autoafirmación, poco a poco se irá relegando al margen del grupo; y en ese quedarse al margen se irá sintiendo más y más inválido a nivel social; y en ese sentirse inválido empezará a desconfiar de sus propios recursos relacionales; y por esa falta de confianza preferirá no seguir probando, tendiendo a aislarse para no confirmar lo que nadie ha dicho, pero intuye sobre su escasez de habilidades sociales. Y en este círculo vicioso irá perdiendo oportunidades para estar con los demás, desaprendiendo algunas de esas habilidades por desuso, sintiéndose cada vez más resentido y excluido, e invalidándose a sí mismo como alguien capaz de relacionarse.

La familia de Ester, ahora que su hija ya tiene 16 años, lleva la mirada hacia el pasado y siente que la relación con el grupo fue variando con la edad y que la consciencia que su hija iba adquiriendo sobre cómo se definían las relaciones también:

> «Cuando Ester era pequeña, teníamos la sensación de que nuestra hija se sentía entre los otros niños de su edad como un antropólogo en Marte. Sus intereses y sus gustos, las cosas que le emocionaban y las que le preocupaban, apenas tenían puntos de conexión con los intereses y gustos de sus compañeros; por ello, se sentía extraña, excluida de un mundo que le era prohibido y que ella idealizaba. Dado que poseía una refinada capacidad de análisis de la realidad, era capaz de identificar las cosas que motivaban a los demás niños. Entonces se esforzaba por emocionarse y preocuparse por el mismo tipo de asuntos que interesaban a sus compañeros, fingiendo emociones e intereses que no tenía; el resultado, sin embargo, la dejaba todavía más insatisfecha, puesto que finalmente descubría que tanto esfuerzo había sido en balde, el resultado obtenido no compensaba: no merecía la pena tanta renuncia para llegar finalmente a formar parte de un grupo que no le aportaba nada. Fue una larga época en la que vivió un dificilísimo combate para no sentirse excluida, para no ser una "margi", según sus propios términos de entonces.
>
> Con la adolescencia, la situación de Ester ha mejorado. Dos cosas han contribuido a ello. Por un lado, ha empezado a relacionarse con chicos y chicas mayores que ella (de 3, 4 o 5 años más), que tienen intereses más adultos, mucho más coincidentes con los suyos. Por otro, de algún modo muy intuitivo, ha comprendido bastante que a cada relación personal solo puede exigirle aquello que esta puede darle. De este modo, ha construido una red más extensa de amistades, ninguna de las cuales es su "amigo del alma", pero con cada una de las cuales ha hallado un canal en el que establecer una comunicación satisfactoria para las dos partes; ninguna cubre todos sus intereses, pero el conjunto de todas ellas sí lo hace; quizá no totalmente ni como ella quisiera, pero sí mucho más que antes».

## 3.3. Ética de las relaciones

Gemma, madre de dos niños con altas capacidades:

> «Con el tiempo me he dado cuenta de que estos niños necesitan, como el aire que respiran, sentir que pertenecen a un grupo. Lo veo sobre todo en el mayor. Es mucho más selectivo que el pequeño a la hora de decidir con quién jugar o en quién confiar. Se podría decir que tiene un punto de suspicacia en este aspecto. Hace poco debía elegir el instituto para empezar 1º de la ESO y nos dijo que quería ir al mismo instituto adonde iban a ir sus dos o tres mejores amigos. Nos confesó que había necesitado unos dos años de observación para sentirse aceptado y poder confiar en ellos. Ahora sí podía considerar que eran sus amigos. Para él la palabra amistad va mucho más allá que para sus otros compañeros de clase. Es una palabra que tiene un significado verdadero. Un amigo no puede ser cualquiera con el que hablas de la primera tontería que se te pasa por la cabeza. Es algo mucho más profundo».

La ética en las relaciones es la tercera piedra en su zapato. El niño con AACC siente que las cosas se hacen de una manera; que el respeto hacia el otro se juega bajo unos parámetros; que la amistad implica una serie de cosas que no son prescindibles en ningún caso; que los intereses compartidos son el motor y sentirse nutrido por lo que aporta el otro es esencial. Es honesto, sincero y profundo al vincularse con el otro y, por lo tanto, espera lo mismo de aquel en el que depositó su confianza. Mientras escribo estas líneas, siento que la relación con el otro le viene marcada por algo *épico*, ya que entiende la relación en mayúsculas. En minúsculas no le sirve.

A veces, el otro se siente sobrepasado por esa manera de entender la relación, incluso asfixiado; en otras ocasiones, se siente afortunado. En el primer caso, la relación finaliza con la frustración que eso genera en nuestro protagonista por haber dado tanto y recibido tan poco. En el segundo, puede perdurar y perdurar a lo largo de los años. No todas las personas pueden o quieren resistir una relación que sienten que les exige tanta implicación e intensidad. Es legítimo que así sea. Y eso también debe entenderlo el niño o el adolescente con AACC.

Esta manera de entender las relaciones tiene numerosas resonancias, no solo en la manera en que se vincula con los demás niños, sino también en la relación que establece con sus padres y, por supuesto, también en la lectura o en el posicionamiento que puede mostrar si estos deciden separarse. En esta situación, he observado que tanto su análisis del conflicto como su manera de organizarse posteriormente es muy ajustada a la realidad y a las necesidades que de estas se derivan.

En el momento de la separación, en el momento de crisis, el niño y adolescente con AACC tenderá a valorar el divorcio de sus padres desde un plano más racional que emocional. Es decir, utiliza su capacidad cognitiva para llevar a cabo un análisis frío y minucioso de la situación, un diagnóstico muy elaborado y ajustado a lo que está pasando a nivel familiar o parental, pero ausente de cualquier emocionalidad. En el caso de niños pequeños, a menudo, suelen canalizar las emociones, que el divorcio de los padres les genera, en desbordamientos ante situaciones "sin aparente importancia" que no justifican tal reacción.

Sin duda, esta forma de afrontamiento racional hace posible que mantenga el control y le hace resiliente. Entiende la situación mejor de lo que sería esperable para alguien de su edad, por lo tanto, no suele descontrolarse en el momento de la crisis y, posteriormente a este momento, rápidamente asume y reconstruye la nueva estructura familiar, retomando así el control sobre su cotidianidad.

Pero no olvidemos que ese adolescente es alguien profundamente emocional y que esa racionalización de la situación está al servicio de controlarla, gestionarla y, por lo tanto, de no conectar con el miedo, la tristeza o el desencanto que puede estar sintiendo. Una vez que la separación supera los momentos iniciales de crisis, a menudo es necesario acompañar al niño o adolescente con AACC para que dé un lugar a sus emociones y pueda permitirse conectar con el sentir del momento de crisis. A veces, incluso es necesario ofrecerle un espacio terapéutico para que pueda permitirse sentir y que la emoción no quede enquistada.

Otros aspectos importantes a tener en cuenta, en el manejo que el niño o adolescente con AACC hace del divorcio de sus padres, son las bien conocidas interferencias parentales, entendidas como todas aquellas actitudes, comportamientos, conductas y demás estrategias que un progenitor utiliza con el objetivo, consciente o no, de deteriorar o destruir la relación y el vínculo del hijo con el otro progenitor.

Mi experiencia me indica que el niño con AACC es poco proclive a caer en estrategias manipuladoras provenientes de alguno de sus progenitores. Su buen análisis de la situación hace que la lectura sea muy fina y, aunque el dolor y la tristeza están presentes, también es cierto que la mayoría de niños con AACC consiguen situarse en lugares relacionales sanos en caso de separación de sus padres.

Su buena lectura de lo que está aconteciendo en el seno de su familia hace que pueda colocarse de forma equidistante ante el sufrimiento de sus padres, siempre y cuando ninguno de ellos haya transgredido lo que es justo o lo que, bajo sus propios principios, define cómo deben ser las relaciones entre las personas como, por ejemplo, una infidelidad o un motor económico en el conflicto. En estos casos, el niño o adolescente con AACC no puede pasar eso por alto, y se coloca al lado del que siente dañado, débil o tratado injustamente. Lo justo y lo injusto siempre está presente y siempre marca su posicionamiento en cualquier situación, también en el caso de divorcio de sus padres.

Todo lo que supone el proceso judicial, o la exploración pericial o judicial correspondiente, suele despertarle una gran curiosidad, y es importante ser honestos y claros con él, tanto en lo referente a los objetivos como en cuanto al proceso. Recomiendo, en estos casos, hablarle de forma clara y veraz, tanto de su nueva situación familiar como de los cambios organizativos, y dar la oportunidad a que pueda opinar sobre posibles modelos de convivencia y que sus opiniones se tengan en cuenta.

Según establece la ley, los niños menores de edad a partir de los 12 años, o incluso antes en función de su nivel de madurez, tienen derecho a ser informados y escuchados antes de que se tome una decisión que les afecte. En este marco, durante las exploraciones judiciales para "escuchar" sus deseos y opiniones, he observado que el niño con AACC se explica tan bien ante el juez, y lo hace de un modo tan razonado y evidentemente poco propio para su edad cronológica, que algunos jueces, fiscales o psicólogos, no expertos en AACC, interpretan que ese posicionamiento no es suyo, sino que responde a un discurso inculcado o aprendido de alguno de sus padres. Cuando esta es la conclusión, no se da valor a sus palabras ya que se las considera fruto de la manipulación de uno de sus progenitores. ¿Imaginas el sentimiento de impotencia y frustración que le invade cuando eso ocurre?

También es importante que la persona encargada de realizar la exploración judicial no los trate como "niños", es decir, que no los infantilice utilizando un registro verbal que corresponde quizás a su edad cronológica pero no a su edad mental. Ante este registro verbal infantilizado y ante una situación de tanta trascendencia para él, siente que no se le toma en serio y que, en realidad, su palabra no cuenta. Una compañera que trabaja en el ámbito de las evaluaciones periciales me contó el caso de una niña que, tras hablar durante 10 minutos con un juez que se dirigía a ella de un modo extremadamente infantil, sintiéndose no tomada en serio, le pregunto al juez: ¿Y esto es lo que puedo esperar de la justicia de este país?, a lo que el juez respondió con la expulsión directa de la sala. A menudo, no se les entiende, aquello no era en realidad una falta de respeto hacia el juez, sino más bien una queja ante la sensación de no ser tenida en cuenta de la manera que requería la situación.

También he observado cómo buscan, una vez más, soluciones creativas a problemas o conflictos que se pueden dar fruto del nuevo orden familiar. Tuve un caso que, ante la negativa del juez de respetar el deseo de una adolescente de no ver a su padre y judicialmente obligarla a ello, la chica busco la manera de irse a estudiar al extranjero.

Tras esta parada, necesaria para explicar una experiencia tan intensa como la separación de los padres, retomo nuestra metáfora. Si para caminar, tener una piedra en el zapato es incómodo, tener *tres* es, como mínimo, incomodísimo. De cómo resuelva sobrellevar estas tres piedras a lo largo del camino dependerá la relación que establecerá con su entono. Probablemente, un mayor grado de flexibilidad nos ayudará a que cada piedra no se convierta en muro entre los niños con AACC y los demás. Si observamos que el fracaso relacional es un resultado que se repite una y otra vez, es necesario que con una cierta urgencia le ayudemos a (re)aprender el código que nos facilita acercarnos al otro y que el otro se nos acerque. No se trata de una lección de palabras, movimientos, gestos y actitudes; lo que necesita el niño es volver a darse cuenta de su propia forma de comunicar, de lo que expresa, y reconectar con su sensibilidad para captar lo que comunican los demás.

Cuando siente que pertenece al grupo, el bienestar es profundo: no es un astronauta que vive en la Luna, es un astronauta que conoce la Luna y que, cuando vuelve a la Tierra, tiene mucho que contar a los demás, a quienes interesa todo ello, y obtiene un lugar entre ellos, sintiéndose respetado en sus diferencias. Tener un lugar en el grupo es la semilla de la pertenencia, un lugar que los demás le conceden, que siente propio y que lo conecta con el bienestar. En el polo opuesto, no tener ese lugar en el grupo significará tener que aprender a convivir con la soledad.

## 4. Sobrevivir fuera del grupo

El niño con AACC necesita pertenecer al grupo de igual modo que necesita momentos de soledad. Ese no es el problema. La soledad se convierte en un verdadero problema cuando no es deseada, cuando no existe la posibilidad de elegir entre estar solo o con el otro, cuando se presenta como la única posibilidad.

La soledad obligada, al igual que el resto de emociones, resulta una vivencia muy intensa en el niño con AACC, la cual le genera una gran tristeza y/o culpa por no poder entrar a formar parte de algo que él desea. Esto es muy doloroso durante la infancia, pero al llegar a la adolescencia es rompedor, y en las redes sociales, algunos adolescentes encuentran una salida a su necesidad de compartir y de mostrarse a los demás.

Todos sufrimos cuando un grupo al que queremos pertenecer nos ignora, nos evita o nos rechaza de manera explícita. Cuando este rechazo sucede de modo reiterado a lo largo del tiempo y se produce en la escuela, tomando forma de maltrato psicológico, verbal o físico, podemos hablar de acoso escolar; y cuando el medio a través del que se ejerce son las redes sociales hablamos de ciberacoso. Esta forma de maltrato continuo hace mella en el desarrollo de su personalidad y provoca ansiedad, tristeza, rabia y problemas de autoestima o confianza en el niño que lo sufre.

El niño con AACC también puede ser objeto de este patrón relacional, y entonces no solo no consigue pertenecer al grupo, sino que además se ve excluido de un modo más o menos agresivo por parte de este, con el hondo sufrimiento e indefensión que ello le acarrea. Hace unos meses, la Asociación No al Acoso Escolar (NACE) hizo público un estudio sobre el *bullying* en niños con AACC. Los resultados, a pesar de no ser generalizables todavía, hablan de la necesidad de invertir más esfuerzos en el estudio del acoso escolar en este colectivo puesto que los datos del citado estudio informan de que la mitad de las familias encuestadas (242 familias) admitían que sus hijos habían sufrido este tipo de situaciones.

En la actualidad, están en curso diversos estudios que tienen por objetivo determinar la relación entre las AACC y la marginación del grupo, la exclusión o el acoso. Lo que aporto a continuación está basado en mi experiencia terapéutica; es lo que he recogido y de lo que me he dado cuenta a lo largo de los años, a través del trabajo con niños con AACC en situación de acoso escolar.

Daniel (9 años) dice:

> «Me he sentido tantas veces traicionado, excepto por algunos buenos amigos, que siento miedo de que se rían de mí porque me gusta leer libros extraños y, a menudo, ya no comparto mis intereses con mis compañeros para que no encuentren, a través de esos intereses a los que no puedo renunciar, el filón para dejarme en ridículo. En eso mis altas capacidades me frenan en la relación con los otros y me apartan. Necesito tener amigos, pero a veces los otros son tan hirientes para mí...»

El niño con AACC tiene unas características que, ante todo y sobre todo, siento que son positivas y que le impulsan a diversos niveles. A pesar de ello, gozarlas o sufrirlas no depende únicamente de sí mismo, sino también de ponerlas en juego socialmente. Algunas de estas características pueden ser objeto de burla por parte del grupo y debemos tenerlas presentes para que las AACC no se transformen en aspectos que le hagan vulnerable a sufrir situaciones de rechazo social.

## ¿ESO TE GUSTA? PERO QUÉ *FRIKI* ERES

Esa es la frase que a veces resuena como un eco entre su grupo de compañeros al conocer los temas que le motivan y que desea compartir con ellos. Apoyado en esa *rareza*, puede nacer el desprecio o las actitudes para ridiculizarlo, quedando estigmatizado por gustarle más la lectura de un libro que jugar a fútbol en los ratos de patio, o preferir jugar a calcular operaciones imposibles a colorear un dibujo que le demos.

Queralt, como madre de un niño con AACC, me expresaba su sufrimiento al ver cómo funciona la aceptación social cuando esta pasa por que el niño aprenda unos códigos de comportamiento que sean aceptados y que, llevados a la práctica, «lo alejan de su esencia». Una esencia que debe esconder, únicamente, por el hecho de ser diferente pero necesitar pertenecer.

## ERES UN EMPOLLÓN

> «¡Yo no soy un empollón! No entiendo por qué me marginan por ello –me decía Xavier (11 años)–. Los empollones son niños que estudian mucho para conseguir aprobar... ¡yo no soy ese! Yo no estudio nunca, pero mis notas son excelentes aun sin quererlo. Se mofan de mí por eso. Me llaman empollón... no pueden asumir que yo saco buenas notas sin querer. Pienso que solo se ríen de mí por envidia y que me llaman así para herirme».

Y como manera de salir de ese malestar, Xavier se esfuerza para que sus notas sean más bajas y, así, no sobresalir. Premeditadamente realiza los exámenes o presenta sus trabajos por debajo de sus posibilidades porque siente que esas buenas notas le aíslan y hacen que luego no le dejen jugar con el grupo. ¿No es esa una forma de coacción? Una coacción revestida de voluntariedad por nuestro protagonista, pero en realidad al servicio del dominio y el poder que ejerce el grupo sobre él.

## ¡TÚ, EL SUPERDOTADO!

Cuando el entorno sabe que ese niño tiene AACC, el niño puede quedar atrapado en las ideas preconcebidas que el entorno tiene sobre lo que son las AACC. Si se muestra tal y como es, el grupo lo repudia, y si no también. Este es uno de los mayores daños que los mitos e ideas preconcebidas, sobre qué son las AACC, imprimen a la realidad en la que vive este niño. A través de la distorsión de lo que son las AACC se puede ejercer una manipulación social que acaba por envenenar al grupo contra él *por tener AACC*. No importa finalmente quién es él, no importa cómo se comporte, su imagen está dibujada desde la distorsión de las ideas preconcebidas de cómo son *los superdotados*. Y bajo ese cliché, no puede combatir el rechazo, ya que en realidad ya no le pueden ver a él, sino que solo es la personificación de cómo se supone que son los niños con AACC.

### ERES UN LLORICA, ¡TODO LO SOLUCIONAS IGUAL!

Su elevada sensibilidad es visible para los demás a través del llanto fácil y poco controlable, que a veces experimenta el niño con AACC. El desbordamiento emocional en forma de llanto es especialmente susceptible de convertirse en objeto de mofa para el grupo, pero no solamente el llanto. Cualquier reacción emocional intensa o descontrolada no suele ser bien aceptada por el grupo, y es susceptible de ser estigmatizada dificultando la aceptación de ese niño.

Me refiero a conductas como llorar escuchando una canción infantil (o irse, o parar la música para no llorar), llorar hablando de los indigentes (o pedir parar de hablar de eso para no llorar), taparse las orejas en el cine cuando el volumen es demasiado elevado para él (o marearse o vomitar por ello), agobiarse cuando hay demasiada gente (o incluso irse de su propia fiesta de cumpleaños), entre otras muchas.

Esta imagen de llorica, débil e indefenso, puede alimentar conductas del grupo que buscan la manera de hacerle llorar, de hacerle explotar, convirtiéndose en el chivo expiatorio del grupo.

Carlota hablando de su hijo (11 años) lo ejemplifica de la siguiente manera:

> «Ante la impotencia de no saber cómo encarar una situación o no tener estrategias para resolver lo que le hace sufrir se pone a llorar, y se hace pequeño, cada vez más pequeño, hasta sentirse como una pulga ante los demás».

Su hijo lo matiza de la siguiente manera:

> «Veo que las cosas me impactan más que a los demás e intento hacer un esfuerzo para no llorar, para no sentirme triste. Y para no llorar utilizo algunas estrategias: Si bebo agua mi cerebro se distrae y así consigo no llorar, o también funciona pedirle a algún amigo que me haga reír… La cuestión es distraerme de aquello que me haría llorar».

Pero ¿llorar es malo? Llorar es una expresión más de todo cuanto acontece en el interior del niño con AACC, igual que el sonreír lo es de la satisfacción o ceñir el entrecejo responde al enfado. En absoluto quiero transmitir que contener el llanto es una salida sana para el niño con AACC, pero el llanto incontrolable, que le puede sorprender en cualquier momento y en cualquier situación, le genera un enorme malestar, es decir, le evidencia el poco control que tiene sobre sí mismo y le angustia. Por este motivo, disponer de recursos que le permitan salir de esa sensación de descontrol interno le da paz y le conecta con la vivencia de esas emociones de un modo más tranquilo y menos arrollador.

## ¡ESTE NIÑO NO SABE PERDER!

El niño con AACC puede caer en la ira más irreprimible por perder jugando a la oca; es él quien lucha contra todo el equipo contrario porque el gol fue en fuera de juego y no puede relativizar la importancia que ello tiene finalmente; es el que llora cuando ve cómo se derriba una torre imposible y en la que invirtió toda su alma, el que prefiere no jugar si el otro hace trampas… son conductas y actitudes muy sancionadas a nivel social y que a menudo desencadenan el hostigamiento a través de motes, crueldad o desprecio. Va quedando excluido, repudiado de las actividades del grupo, porque con él no se puede jugar ya que *no sabe perder*.

En su elevado sentido sobre la justicia y su competitividad innata encontramos las causas de que esto sea así. Para este niño, el fracaso nunca es algo trivial. No puede y no sabe relativizar el hecho de ganar o perder y conseguirlo será una labor que durará toda la vida.

Debemos acompañar al niño con AACC para que entienda y pueda sentir las actividades en las que participa como vivencias que le aportan mucho más que un resultado final de éxito o fracaso, mucho más que ser el ganador o el perdedor. Su rigidez, hace que se expliquen estas situaciones de este modo, y es nuestra labor acompañarlo para que pueda valorar el esfuerzo que realizó más allá del éxito, el valor de compartir un rato con los otros divirtiéndose mas allá del resultado o la admiración y el reconocimiento hacia los demás cuando estos consiguieron hacer algo valioso.

¡ERES EL NIÑO DE LOS PROFES!

Especialmente, y con intensidad, en el momento de la adolescencia, las intervenciones individuales al servicio de dar respuesta a las AACC son repudiadas por el adolescente. Y un grado más supone, en la línea de la diferenciación respecto al grupo de referencia, que la propuesta vaya orientada hacia la aceleración (saltarse un curso).

Si bien es cierto que hay ocasiones en las que los niños con AACC, que han recibido alguna de estas dos medidas educativas (programa individualizado o aceleración), han sufrido la exclusión del grupo, otras veces no es así, sino que a través de estas medidas han encontrado bienestar académico y social.

Max (11 años) por primera vez en su historia académica iniciaba sexto de Educación Primaria con un Programa Individualizado (PI) bien pensado y articulado. Todos estábamos satisfechos porque conseguía dar respuesta a sus AACC. En el mes de marzo de ese curso no quedó más remedio que dejar de aplicar el PI por las envidias que ello generaba en su grupo. Un final abrupto y decepcionante. Él se sentía enfadado por ello ya que sentía que ese PI suponía una gran mejora en su cotidianidad escolar, pero creía que no había otra solución para dejar de ser el foco de las burlas de sus compañeros. Pero lo que realmente le dolía a Max no era dejar de disfrutar de ese PI, ya que él podía hacer las mismas tareas que sus compañeros y refugiarse en sus propios pensamientos durante las horas vacías.

> «Yo tengo mucho en lo que pensar, ese no es el problema –me decía–, lo que realmente me duele es que mis compañeros no entiendan el porqué yo necesito esos cambios. Piensan que yo no hago algunas cosas como ellos porque no me da la gana. No entienden que lo necesito, lo necesito para no salir cada día con las manos pintadas. Si lo entendieran, quizás no se reirían de mí llamándome el niño de los profes entre otras muchas cosas que me duelen. Me duelen muchísimo. Llevo ocho años de mi vida con ellos, tengo once... y todavía no me conocen, no saben en absoluto quién soy».

¿De qué depende que la acogida en el grupo de este tipo de intervenciones impulse o bloquee la pertenencia del niño con AACC como pasó con Max? La respuesta es clara: debemos destinar un tiempo, previamente, para que el grupo y el propio niño entiendan lo que es la diversidad, de cómo esta diversidad forma parte de cualquier grupo y, por lo tanto, también de su clase. Una buena elaboración previa de todo esto es absolutamente necesaria antes de realizar cualquier intervención en el contexto escolar que suponga una diferenciación, ya que, de otra manera, corremos el gran riesgo de que estas acciones que necesita el niño con AACC puedan desembocar en situaciones de bloqueo social, aislamiento o marginación.

### ¡ERES UN LOCO!

La creatividad es uno de los rasgos propios del niño con AACC (excepto en algunos tipos de talento, en los que no aparece la creatividad como signo diferencial). La creatividad, entre otras cosas, puede dar comportamientos muy diferenciados, los cuales, socialmente, no se reconocen como normales. El razonamiento creativo es poco lineal, y tiene que ver con una gran exploración de alternativas ante un problema, con el dinamismo en la generación de ideas y con la poca organización sistemática de la información. De todo ello se deriva un comportamiento que, en el mayor número de casos, suele ser divertido para los compañeros, pero no siempre.

El niño altamente creativo puede no ser comprendido por el grupo debido a sus respuestas poco habituales; debido a un dibujo que aparece extraño ante la mirada de los demás o a una forma de humor con la que los demás no empatizan... Y de nuevo, el fantasma de la exclusión y la burla le atrapan.

Estas son las situaciones o actitudes que con mayor frecuencia he observado que pueden estar en la línea de salida de una posterior situación de acoso escolar, cuando empiezan a retroalimentarse por los diferentes miembros que constituyen el grupo.

Vayamos un paso más allá. ¿Qué actitudes o comportamientos activa el niño con AACC cuando se siente repudiado del grupo? ¿Cómo intenta sobrevivir al grupo?

Cuando el niño con AACC se siente excluido del grupo, en primer grado, suele intentar contrarrestar sus peculiaridades intrínsecas que están siendo el motor para la burla. Paradójicamente, la misma inteligencia al servicio de las dificultades de vivir siendo significativamente más inteligente. Intenta aprender el juego de contrarrestar la vulnerabilidad que comporta una elevada sensibilidad, empatía, sentido de la justicia, etc. Por comportamientos y reacciones "normalizadas", aceptadas, esperadas o deseadas por el entorno. Al final, él sigue siendo el mismo, pero vive con algún grado de autocontrol sobre sus propias emociones y así consigue que no se noten tanto sus diferencias.

Si la no pertenencia va tomando forma –y ya estamos en un segundo grado–, opta por mantener relaciones superficiales con los demás, evitando el compromiso y adoptando una actitud de indiferencia hacia ellos. Empieza a asumir que, en realidad, nadie le va a entender. Esta superficialidad no le satisface, pero supone una defensa ante la agresión. Se siente más seguro en la superficialidad relacional que ante el riesgo de ser maltratado por el grupo. No se encuentra en una situación de aislamiento, no se encuentra en la periferia a nivel relacional, sino que se relaciona con los demás. Si le observamos en el patio, juega con los otros, pero eso no significa que se sienta nutrido en esas relaciones, no significa que le sean íntimamente significativas. Las tiene porque no le gusta verse solo, pero no le llenan. Se siente restringido a nivel relacional, pero seguro.

Cuando estas estrategias fallan –y entramos ya en un tercer grado– y se siente acosado socialmente, entonces busca refugio en lo intelectual, se protege sumido en sus pensamientos y en la compañía de un buen libro en las horas de patio. Con el malestar que ello conlleva, ya que fracasó en su interés por pertenecer.

Cuando no encuentra su lugar en el grupo y la soledad no deseada le inunda, creo que ponerlo en contacto con otros niños o adolescentes con AACC es un recurso.

Desde mi punto de vista, hay que agradecer a las diferentes asociaciones existentes en el ámbito de las AACC el poner en contacto personas con estas características compartidas, además de dar a conocer su realidad y las necesidades que de ella se derivan. A través del contacto con otros niños con AACC se pueden dar cuenta de que no son los únicos con este perfil que les dificulta las relaciones sociales; de que existe alguien con el que se entiende en otro plano; de que la opción de encontrar personas con las que compartir a lo largo de la vida es una opción real.

Cuando el niño con AACC se siente excluido del que debería ser su grupo, conocer y establecer relación con otros niños con AACC, en cierto modo, cicatriza sus heridas sociales, se vuelve a sentir valioso para los demás, siente que lo suyo importa y que puede volver a divertirse y a confiar. Es una vivencia valiosa para el niño que se siente solo y que restaura de este modo una parte importante de su autoestima.

Es entonces, una vez curadas esas heridas y con la tranquilidad de no sentirse incapaz de relacionarse con éxito, cuando puede buscar un lugar en el grupo de niños con los que convive a diario en la escuela, extraescolares o tiempo libre.

Una familia con dos hijos con AACC, al preguntarles por su experiencia de pertenecer a una asociación de este tipo me explicaron:

> «Desde hace 3 años, dos sábados al mes nos reunimos con familias que tienen también niños con AACC. Es un espacio de encuentro donde tanto ellos como nosotros podemos hablar libremente de lo que queramos sin miedo a ser juzgados. Ellos hablan de cosas que les interesan en ese momento, incluso *Pokémons*, pero a su nivel. Una vez, caminando por la calle y sin venir a colación, el mayor nos dijo que le encantaba ir a ese grupo de encuentro porque allí podía decir lo que quisiese y nadie le juzgaba por sus palabras y que se sentía libre. Podía ser más él».

En situaciones de poca vinculación con el grupo o de exclusión, ayudarles a ampliar el círculo de relaciones hace posible que encuentren un lugar donde saciar su necesidad de pertenencia. Las asociaciones o las redes sociales pueden ser ese lugar.

## 5. Las AACC en femenino

En mi trabajo diario con personas con AACC me he dado cuenta de que a pesar de que las características asociadas a las AACC son las mismas en niños que en niñas, las vivencias que ambos grupos tienen de esas características no siempre son las mismas. Es decir, los rasgos asociados a AACC son los mismos, pero en la vivencia de esos rasgos encontramos diferencias significativas en función del género.

Los resultados publicados por el Ministerio de Educación, Cultura y Deporte referentes al curso 2015/2016 muestran que, del total de alumnado con AACC, el 65% son niños y el 35% son niñas. La diferencia es notable y esta proporción obliga a la reflexión: ¿Realmente hay un porcentaje mayor de niños que de niñas en el colectivo con AACC? ¿O tal vez es más difícil y menos habitual la detección de las AACC en ellas?

Existe una barrera social invisible que impide que las niñas con AACC hagan lo que necesitan para realizarse y para desarrollar su potencial. Una barrera que se va construyendo a lo largo de toda la vida, pero que pone sus fundamentos durante la infancia y la adolescencia. Recorramos su historia, veamos cómo va creciendo esta niña con AACC (desde una generalización, quizá no deseable, pero en este caso necesaria, por tratarse, como veremos, de situaciones recurrentes).

Durante el ciclo de Educación Primaria, lo más común es que la niña con AACC muestre un buen rendimiento, un buen comportamiento, tanto dentro como fuera del aula, que sea sociable, amiga de sus amigas, madura, sensible, activa, con aspiraciones hacia el futuro... En definitiva, ¡una niña PERFECTA!

Ser *la niña perfecta* es su etiqueta. Permíteme una reflexión en torno a las etiquetas, en torno a cualquier etiqueta que acompañe a un niño o niña. Existe un gran consenso sobre lo perjudiciales que son las etiquetas negativas como pueden ser *la que da problemas* o *el pegón* ya que la etiqueta que le ha sido impuesta dificulta que pueda cambiar su conducta al *atraparle* en un tipo de conducta asociada; existe acuerdo sobre el hecho de que debemos ser cuidadosos y evitar encasillarle en ese molde negativo.

Las etiquetas que consideramos positivas pueden ser igual o más paralizantes que las negativas: ¡¿cómo dejar de ser perfecta?! Nuestra niña con AACC que ya de por sí es perfeccionista y autoexigente, recibe el reconocimiento del entorno por ser *perfecta* a todos los niveles. Y esa etiqueta también tiene la virtud de atrapar a la persona que la lleva, y va haciendo mella en ella a lo largo de la vida y la arrastra conforme va creciendo.

A eso se suma que las niñas se adaptan con facilidad a los requerimientos que las situaciones les demandan. Esa capacidad de adaptación, por una parte, es positiva, pero por otra dificulta que se identifiquen sus AACC. Cuando un niño varón se siente mal, desmotivado, excluido del grupo, angustiado o triste, por los motivos que sean, suele poner de manifiesto ese malestar de un modo visible a los adultos que le rodean, es más explosivo y suele hacer evidente esa desazón a través de lo que se suele llamar *problemas de comportamiento*. Eso hace que se consulte a algún profesional, que se evalúe lo que hay en la base de ese mal comportamiento, y con un poco de suerte se pueden detectar unas AACC que hasta ese momento permanecían ocultas.

En el caso de las niñas, no sucede lo mismo; aunque ellas se sientan mal, se adaptan, tienen la tendencia (y la habilidad) de evitar las situaciones estridentes y contrastivas. Si ponen de manifiesto el malestar suele ser a través de signos menos visibles como son la tristeza o la ansiedad haciendo que, de ese modo, todo pueda parecer más pasajero, más llevadero, y si no nos empeñamos en encontrar las causas es más difícil identificarlas como lo que son: niñas con AACC, con sus virtudes y sus necesidades.

Acompañemos unos años más allá a esta niña que va creciendo y llega a la adolescencia. El aspecto que entonces entra con fuerza en el terreno de juego es la importancia de pertenecer al grupo.

Sentirse integrado, pertenecer al grupo, suele traducirse en *no destacar* en el código femenino (que no en el masculino). Para pertenecer, ella debe recortar las características que la hacen diferente del grupo. Ya puedes imaginar por donde va a recortar la adolescente con AACC, ¿verdad?

En mi práctica diaria, cuando a una adolescente le propongo algún cambio en la dinámica de su día a día en la escuela, que implique ser diferente del resto: trabajar de otro modo; ampliar ciertos temas; trabajar siguiendo otra metodología; promocionar de curso o salir del aula con un objetivo académico; estas propuestas no suelen ser bien recibidas por ella. Estos cambios son rechazados porque resultan ser muy visibles y obvios para los demás, y sienten que ponen en riesgo su pertenencia al grupo. Esto fue demostrado por un revelador estudio que realizó Luz Pérez (2001). Comprobó cómo antes de los 12 años, el 45% de los apoyos que recibían en el aula, destinados a dar respuesta a las AACC de alguno de sus alumnos iban dirigidos a niñas con AACC y el 55% a niños. Sin embargo, después de los 12 años estos porcentajes sufrían un gran cambio, y a partir de esa edad solamente el 25% eran chicas las que recibían esos apoyos en el aula, en contraposición al 75% que eran chicos.

En esos momentos siempre convulsos a tantos niveles que supone el paso por la adolescencia, para ella, el no sobresalir está al servicio de pertenecer al grupo. Y en el afán por agradar, la adolescente con AACC oculta sus capacidades ya que el éxito académico a menudo se paga con el rechazo social. Pero eso aún se vuelve más complejo, ya que el hecho de que no disponga de la posibilidad de desarrollar ese potencial también supone en sí mismo una tristeza interior y un descenso de la autoconfianza: complejo binomio a resolver para la adolescente con AACC que ansía pertenecer al grupo, pero que también necesita nutrirse intelectualmente.

Esta adolescente llega al momento de decidir cómo continuar con sus estudios, y siente esa decisión como imposible, no puede salir de la duda, se siente desorientada, conecta con el dilema de lo que posteriormente va a suponer la conciliación entre lo familiar y lo profesional. Imaginen: ¿Quién querría a una esposa/madre astronauta? ¿Se interrogaría así a un adolescente con la misma pretensión?

Si avanzamos unos años más, la chica con AACC se incorpora al mundo laboral y, en muchos casos, también formará una familia. Es entonces cuando definitivamente queda asfixiada por su propio perfeccionismo. ¿Recuerdas? Esta es la misma mujer que gozaba de ser *la perfecta* cuando era niña. ¿Cómo tanta perfección ha acabado por convertirse en una prisión entre lo profesional y lo familiar? Pues pretendiendo ser una trabajadora perfecta, una mujer perfecta, una madre perfecta, con un cuerpo perfecto… y en el fondo sintiendo que no lo consigue en ninguna de las esferas en las que se desarrolla. Es entonces cuando se rompe por la culpa y siente que todo lo está haciendo mal. Luz Pérez describió este momento en el ciclo vital de las mujeres con AACC bajo el nombre de *síndrome de la abeja reina*.

Con esto, en absoluto quiero transmitir que los hombres no sufran o no se resientan ante una pretensión de perfección que no sienten alcanzar. El rasgo hacia el perfeccionismo en todos aquellos que están dotados de AACC es un rasgo compartido y no hay diferencias de género. Pero en el caso de las niñas, además, la exigencia de la etiqueta que ya quedó adjudicada desde la infancia y que ha ido pegándose más y más a su identidad conforme ha ido creciendo, genera un gran sufrimiento por no conseguir satisfacer esa expectativa externa sintiendo que defrauda a su entorno. Siente que falla a lo que desde siempre le han dicho que es y a lo que, por lo tanto, se espera de ella.

La detección de las AACC en niñas hace posible combatir esta tendencia a la intolerancia hacia la imperfección y, además, permite trabajar con sus referentes adultos (padres y profesores principalmente) para evitar una mirada, que sin quererlo, se torna exigente hacia ellas.

Así lo explica Montse:

> «Ser curiosa, ir siempre más allá, analizar, entenderlo todo desde un sentido crítico tiene un coste personal muy elevado: mucha gente se siente ofendida o minimizada al lado de "doña perfecta". Cada éxito ha sido para mí una puñalada, la mejor manera de generarme enemigos. He llegado a tener tan malas experiencias que he llegado a tener "pánico a brillar": Me da miedo implicarme en cualquier cosa, me cuesta mucho entender que no puedo esperar de los demás la misma implicación, creatividad, energía y capacidad de resistencia que tengo yo ante un proyecto o un reto. Esto realmente me lastra: encontrar un punto en el que poder hacer bien las cosas, o simplemente ser yo, sin molestar a nadie, sin ofender.
>
> Y este ha sido mi caballo de batalla y lo continúa siendo: si no destaco, ningún problema, pero no me siento en absoluto realizada y sí, en cambio, tremendamente frustrada. Y si "brillo" consigo buscarme enemigos a todos los niveles. Me cuesta mucho encontrar el punto en el que pueda ser yo, pero controlando los excesos, los "demasiado", encontrar una actividad en la que pueda poner lo mejor de mi sin "ofender" a nadie».

Así van definiendo los procesos de socialización unas historias muy diferentes en función del género. La gran pregunta es: ¿Qué podemos hacer para que estas niñas con AACC crezcan de forma diferente, para que puedan realizarse de la manera que ellas quieran y no bajo el lastre que a veces supone el proceso socializador?

Siento que el apoyo del entorno es esencial, tanto de la familia como de la escuela. Con ese apoyo, la niña con AACC puede desarrollar su potencial; de otro modo, se hace difícil. Por lo tanto, es importante que la identifiquemos, que sepamos que ahí hay una niña con AACC que en determinados momentos de su ciclo vital va a requerir ayuda para conseguir crecer acorde a sus necesidades.

Por un lado, la familia que entiende la discusión estimulante y la búsqueda de soluciones creativas a los problemas como una forma de entretenimiento, convierte el hogar en un lugar donde la niña relaciona la inteligencia con lo lúdico, sintiéndose confiada en su potencial sin ponerlo al servicio de una culminación brillante de cada acción. Esa manera de estar en la vida constituye un rasgo familiar y facilita que la niña lo sienta propio e irrenunciable.

Por otro lado, desde la escuela, asegurar que esta niña tenga la oportunidad de trabajar con compañeros de capacidad similar, no asignar tareas según el género y trabajar a través de materiales que no conlleven sesgos de género, facilita que encuentre referentes en los que reflejarse y vaya construyendo su propio autoconcepto asociado con el potencial que le es innato.

Mujeres que han escapado al proceso socializador limitante existen, pero también es necesario que sean visibles para que nuestras niñas con AACC tengan la oportunidad de desarrollarse de acuerdo con sus necesidades, y tengan la oportunidad de conectar con el bienestar que genera ser quien realmente eres, sin que el peaje para ello sea la no pertenencia.

## 6. El despertar de la sexualidad

Poco se ha escrito entorno al despertar de la sexualidad en adolescentes con AACC y, por ello, me veo en la necesidad de detenerme y compartir algunas reflexiones elaboradas a partir de testimonios de adolescentes con los que he trabajado.

La sexualidad es una dimensión de toda la persona, un conjunto de emociones y conductas que buscan el placer. La sexualidad involucra nuestra personalidad, y durante la adolescencia invertimos mucha energía en iniciarnos en este mundo y en todo lo que moviliza.

Durante la adolescencia se da un aumento de hormonas sexuales, que producen cambios, tanto en el cuerpo como en las emociones y conductas sociales. Aparece el deseo sexual con mayor intensidad. Aunque en momentos anteriores ya puede haber surgido de forma más tímida, durante la adolescencia lo hace de forma más clara y contundente. El cuerpo del adolescente con AACC funciona en concordancia con su edad cronológica; por lo tanto, a nivel hormonal y fisiológico el ritmo es equiparable al de otros chicos o chicas de su edad. Pero aparece una nueva disincronía a tener en cuenta: y es que su entendimiento y su curiosidad por todo cuanto implica la sexualidad funciona bajo un reloj diferente y se desarrolla, también en este terreno, de forma temprana respecto a sus compañeros.

La disincronía se determina en el desfase entre el proceso mental que acompaña la curiosidad por la sexualidad que es avanzado respecto a su edad y su desarrollo corporal que, sin embargo, sigue el ritmo que le corresponde a esa edad. Este es el primer aspecto a tener en cuenta para entender su despertar sexual.

Además, y de forma paralela, debemos tener en cuenta que la sexualidad tiene mucho que ver con los sentimientos, con el contacto con el otro en términos de afecto y vínculos amorosos que pueden ir desde el deseo a la atracción, el amor o el enamoramiento. Por lo tanto, ese adolescente que no consigue vincularse con los demás y sentir que pertenece, va a tener mayores dificultades en este terreno para poder vivir la sexualidad de forma completa e integrada en su personalidad.

Añadamos también, con la pretensión de ir completando el mapa que nos dé luz sobre la manera de vivir la sexualidad de ese adolescente, que esta tiene que ver con las emociones, y por todo lo expuesto en el primer capítulo de este libro, ya podemos anticipar que la gran sensibilidad y emocionalidad que le es propia también va a tener una gran relevancia en el campo de lo sexual.

La sexualidad viene marcada por la búsqueda de placer a todos los niveles, de igual forma que nuestro protagonista disfruta y busca el placer en el arte, la música, la naturaleza o la poesía. El placer a través de los sentidos es algo hacia lo que está muy abierto nuestro niño con AACC, ahora ya adolescente. Y esta búsqueda de placer encuentra su resonancia en la sexualidad entendida de manera amplia. Su manera de estar conectado a la vida desde la intensidad emocional, sintiendo profundamente, está íntimamente relacionada con su manera de vivir y sentir la sexualidad.

En la adolescencia, y en sus primeras experiencias, esto les puede desbordar con facilidad. Existen dos posibilidades, dos caminos, en la vivencia de la sexualidad: o bien puede conectarlos con el placer y ser un área de felicidad más en sus vidas, o puede asustarlos por la falta de control, escondiéndose de ella y, por lo tanto, renunciando.

Y, ¿qué hacemos como padres o maestros ante este despertar intenso de la sexualidad durante la adolescencia? Entendiendo de entrada que la comunicación a esta edad es complicada, ¿cómo accedemos a ellos, también, para compartir el despertar de la vida amorosa y erótica en la cual está adentrándose?

La necesidad de saber y la curiosidad son rasgos que comparten todas las personas con AACC; por lo tanto, durante la adolescencia, esta curiosidad también abraza el ámbito de la sexualidad, a través de preguntas, elaborando teorías curiosas al respecto o experimentando. Como hemos visto, el adolescente con AACC accede al mundo a través de la emoción y, también, de la reflexión y del pensamiento abstracto. La sexualidad es un área cuya complejidad activa en él esta manera de aproximarse a la experiencia.

Considero importante, en este punto, tener en cuenta que en estrecha relación con su curiosidad innata, los adolescentes con AACC se dan un tiempo y un permiso interno para explorar la sexualidad tanto con personas de su mismo sexo como del otro. Es decir, su brújula interior explora todos los caminos, tanto en el aspecto sexual como en cualquier otro. No es mi objetivo indicar a las familias cuál debe ser su posicionamiento respecto a las diferentes opciones sexuales, ni caer en discursos que tengan que ver con la moralidad que de ello se puede derivar; en estas líneas, solo pretendo dar a conocer que esta actitud de exploración existe en los adolescentes con AACC.

Este mismo deseo de conocer que le es tan propio le lleva a necesitar información veraz también sobre la sexualidad: si rechazamos sus preguntas, le mentimos o infantilizamos su interés, el adolescente con AACC deja de hacer preguntas a los padres o educadores y busca la información que en cada momento necesita en sus compañeros, redes sociales o en medios de comunicación.

Numerosas familias me han expresado su incomodidad cuando sus hijos con AACC, ya adolescentes, muestran ese interés casi quirúrgico también hacia el tema de la sexualidad. Este es un lastre que aún acarreamos fruto de una cultura que ha llenado de tabús algo tan placentero y sano como es la sexualidad. Nuestro reto es, en este caso, conseguir ser claros y sinceros al abordar el tema de la sexualidad ante la mirada atenta del adolescente con AACC. Para conseguirlo, primero será necesario que los adultos tengan elaborada e integrada a nivel personal esta área de la vida. Si no es así, será imposible saciar satisfactoriamente su curiosidad.

Por lo tanto, ayudar al niño o adolescente en su curiosidad hacia la sexualidad pasa por que escuches con mucha atención e interés todas sus preguntas y las respondas en el momento en el que te las formula, sin juicios, sin censura, sin tabús, sin miedos, pero con responsabilidad y, sobre todo, intentando contarle lo que realmente sabes, lo que te parece que se acerca a la verdad en función de tu propia experiencia y tus conocimientos, sin ocultar información o adulterarla. Hazlo desde la simplicidad, intenta no caer en respuestas enrevesadas o excesivamente complejas. Si te es difícil puedes exteriorizarlo y decirle que vas a intentar explicárselo lo mejor que puedas. Sin duda, el adolescente con AACC te agradecerá la honestidad y la sinceridad.

En el intento de ofrecer una educación sentimental y sexual saludable entendamos que el adolescente con AACC necesita vivir su sexualidad y la expresión de sus afectos sin represión y, como en tantas otras cosas, con todas las dudas resueltas. Démosle la oportunidad de que sea así y de que entren seguros y felices en el mundo de los adultos, también, entorno a su sexualidad.

# Capítulo Cuatro

# Motivación

Mientras termina de maquillarse, oye los últimos compases del número que está a punto de finalizar sobre la pista. Inspira profundamente y suelta el aire, despacio, para despejar los nervios que siempre llegan en estos minutos previos a su entrada. Cierra los ojos, y recuerda...

«Al principio costó lo suyo. Tirar una piedra al aire y volverla a coger era fácil. Con dos piedras tampoco era muy difícil, pero tenía poco atractivo. Con tres empezó a complicarse la cosa; tenías que cruzarlas, de izquierda a derecha y viceversa, recogerlas con una mano y volverlas a tirar para que el juego no se estancara... ¡POF!, ¡POF!, ¡POF!... Las tres por los suelos... Recogerlas. Otra vez arriba. ¡Una! ¡Dos! ¡Tres! Contando los pases pero: ¡POF! Cuando una caía las otras se descompensaban e iban detrás. ¡POF! y ¡POF! Agáchate y vuélvete a agachar. Desmoralizaba. Lo peor, cuando empiezas a hacer malabares, es agacharse continuamente. Como diría Mafalda: «Lo que más me duele no es la espalda, ¡es la dignidad!». Siempre igual... cuando me venía arriba porque se creaba un poco de corro: ¡POF!, ¡POF, POF! Simular que estaba previsto, colorada como un tomate, era muuuuy difícil. Y me sentía tan sola... Otra vez al aire: ¡yo puedo! Otra vez por los suelos... nunca lo conseguiré. Poco a poco, te das cuenta de la importancia de hacer estiramientos, la flexibilidad fue vital para el manejo de las tres piedras (y sobre todo para que las agujetas no fueran tan atroces). Cuántas veces estuve a punto de dejarlo... era tan difícil, ¡tan frustrante! Pero cada pequeño avance te recargaba. Cada nuevo reto era una golosa provocación... Cuando conseguías pasarlas cien veces sin que se cayeran. Cuando te enseñaban una figura nueva. Los primeros aplausos (el reconocimiento alimenta tanto). Cuando me prestaron las mazas y los zancos. ¡Cuando por fin pude entrar en una compañía!

Montada en el monociclo, tocando la armónica y haciendo malabares con cinco huevos (uno de ellos frito) da la última vuelta; mientras suena un redoble, toma impulso y ¡ALEHOP! da un salto mortal quedando de pie en el centro de la pista. Los huevos caen dentro del sombrero que se ha sacado para saludar: ¡POF!, ¡POF!, ¡POF!, ¡POF!... y el huevo frito acierta, con meticulosa precisión, el platito que mantiene en equilibrio sobre su cabeza. (¡POF!). El público puesto en pie le ovaciona. Ella saluda, sonriendo, con cara de "bueno, no hay para tanto...", feliz de haber vuelto a lograrlo».

## 1. "ESTOY DESMOTIVADO"

Oímos "estoy desmotivado" o, en su versión más infantil, "me aburro en clase" y saltan todas las alarmas conscientes e inconscientes alrededor del niño con AACC. Y es que la motivación es un bien precioso con el que cuenta este niño entre su *software* de origen. La motivación: tan huidiza como necesaria para que el niño funcione y se desarrolle de manera global e integrada en todas sus facetas.

Vayamos por partes y entendamos un poco más de cerca *qué es* la motivación: la motivación es el motor de la conducta; es un estado interno que activa al niño a dirigirse hacia algún objetivo que se ha marcado; es lo que se despierta cuando algo le seduce lo suficiente como para que destine su energía durante un periodo de tiempo en lograrlo; es el impulso que le mueve en una dirección y que orienta su mirada hacia un fin.

En todos los niños con AACC, aparece la curiosidad como uno de sus rasgos principales. Y es que, si nos paramos a pensar, cualquier asunto puede ser muy interesante si podemos alcanzar a desmenuzarlo, entenderlo y degustarlo. El niño con AACC se siente, al menos de origen, motivado por todo, curioso respecto a todo. Está despierto, le brillan los ojos ante un nuevo aprendizaje, pregunta hasta llegar a la extenuación de los adultos que le rodean. Lo nuevo, por definición, le hace vibrar. Es a esa vibración a lo que llamamos motivación.

## 2. EN BUSCA DE LA MOTIVACIÓN

Cuando el niño con AACC está motivado transmite pasión por todos los poros de su cuerpo, hasta que consigue lo que se proponía; entonces, esa pasión cae, de pronto, y vaga sin rumbo hasta que encuentra un nuevo motor que le conecta a esa energía inagotable.

Los *factores motivacionales intrínsecos* son aquellos que son inherentes a la acción, es decir, el placer que la acción genera en sí misma; *los factores motivacionales extrínsecos*, por su parte, son aquellos que no tienen relación con el hecho de llevar esa acción a cabo propiamente, sino con el beneficio que supone el hecho de haberla realizado. Por ejemplo, si el niño estudia por el gusto de conocer o para ser mejor en un determinado procedimiento matemático, su motivación es intrínseca. Si, por lo contrario, estudia para obtener una buena nota o para conseguir un nuevo juego para la *play*, los factores motivacionales que le están moviendo son extrínsecos.

El niño con AACC se mueve por factores intrínsecos, es decir, por los que consiguen que la energía motivacional se active y se involucre en una acción. Los factores extrínsecos no tienen una influencia tan importante sobre él.

Así siente Sergio, padre de unos hermanos dotados ambos con AACC, cómo aparece y se mantiene o cómo desaparece la motivación en sus hijos:

> «La mayor fuente de motivación para nuestros hijos es el conocimiento; todo les interesa, todo despierta su curiosidad y todo lo quieren saber. Nuestro hijo pequeño, por ejemplo, sigue la política desde que tiene 7 u 8 años, lee los titulares de los periódicos y nos pregunta siempre que tiene dudas. Cuando era más pequeño, disfrutaba viendo documentales en la televisión y lo sabía todo sobre animales. En casa, cualquier tema puede suscitar una pregunta de cualquiera de nuestros hijos: ¿cómo se crean nuevas especies de rosas?; ¿el universo es infinito?; ¿por qué los votos de una gran ciudad cuentan menos que los de las zonas rurales? Huelga decir que nosotros no siempre tenemos respuesta a todas sus preguntas. Esto suele generar problemas en la escuela, pues en general, sus maestros no logran entender que para motivarles no hay que darles más trabajo, ponerles más deberes o "apretarles" con las notas para que se esfuercen

más; de algún modo, se motivan solos. La escuela tiende a ser rígida, con caminos iguales para todos, y lo que estos niños necesitan es, simplemente, que les den cancha».

De nuevo, encuentro un gran acuerdo entre las familias cuando les pregunto qué hacen sus hijos cuando disponen de un tiempo no pautado o qué temas les interesan. Las respuestas se aglutinan en torno a la robótica, la música, la lectura, los juegos de mesa, las matemáticas, el ajedrez, los legos, la ciencia, las manualidades y los proyectos sobre diferentes temáticas. Y, evidentemente, los juegos de ordenador, la *play*, la consola, etc. en cualquier modalidad; los juegos de pantalla gozan de un interés especial: a todos ellos les apasionan. La lectura es otra de las aficiones importante en su vida: suelen leer mucho y cada día. Todas estas actividades consiguen involucrar al niño con AACC a todos los niveles: entusiasmo, habilidad y máxima atención activada.

Otras veces, topamos con dos niños en un solo niño... Me explico: según la tarea que tenga que afrontar, el mismo niño se nos aparecerá como el arquetipo perfecto de niño motivado o como paradigma de la desmotivación.

Los padres de Marc (5 años) explican cómo su hijo puede ser radicalmente diferente según la tarea que tiene entre manos, según si esta le interesa o no. Así es hasta el punto que, cuando se han reunido con sus profesoras de educación infantil, estas les hablan de un Marc que se cae de la silla, ronronea con sus hojas, parece ausente... sus padres lo saben, ellos también le ven así en algunas ocasiones, pero no siempre. Cuando puede aprender cosas sobre el universo o los planetas (su pasión de siempre) se despierta de repente y su interés es máximo; lo mismo ocurre cuando se enfrasca en la construcción de legos. Pasa horas y horas sin apenas respirar, concentrado. «¡Hipnotiza verle así de hipnotizado!» me comentan sus padres.

## 3. La cuadratura del círculo motivacional

«Soy un vago, un inconstante». He oído autodefinirse así a una elevada proporción de niños con AACC. Tantas veces esos términos cayeron sobre él, que han quedado potentemente integrados en la imagen que tiene de sí mismo. Una etiqueta que asume como propia y que tiñe en gran medida la forma de enfrentar la tarea que tiene entre manos; una etiqueta que le constriñe y le oprime (como toda etiqueta) porque no le deja margen para salirse de la profecía que él mismo y su entorno generan sobre él.

Yo no creo que el niño con AACC sea vago por definición. Sin embargo, es bien cierto que, a menudo, le cuesta activar el esfuerzo requerido para avanzar en aquellas áreas que no son de su interés; aunque, ante ciertas actividades cotidianas (o también académicas según como se le planteen) sabemos que le veremos arrastrándose del sofá a la silla y de la silla a la cama como viva imagen de la desidia y el pasotismo. Pero, yo no creo que sea un problema de pereza ni de vagancia.

Más bien creo que es... ¡un emprendedor! (ya veis que supone un giro importante a la definición de vaguería o de inconstancia). Ser emprendedor supone tener iniciativa para realizar acciones que son difíciles; decisión para afrontar tareas que entrañan algún riesgo; una actitud despierta ante la toma de decisiones; y una atracción hacia aquello que supone un reto. Veamos, pues, cuáles son los factores que activan esa faceta emprendedora o que, por su ausencia, le hacen caer en la desidia y la desmotivación.

## 3.1. Reto

Montse (40 años) en una sesión trabajando aspectos emocionales, que se derivan de sus AACC, concluía que «cuanto más imposible, más me motiva: y me vuelvo imparable e insoportable».

Pensemos en aquella tarea que abre ante la persona con AACC la posibilidad de ganar o perder, en el sentido más amplio de ambos conceptos, ahí reside la energía motivacional, ahí reside el reto que la atrapa y la divierte en igual proporción, y la hace exprimir tareas o temas mientras en ellos encuentra ese componente imprescindible que es el reto. Cuando esa fuente se agota, pasa a otro asunto. Ese es el proceso que guía su implicación a desarrollarse a través de sus inquietudes.

Que el reto sea tal para el niño con AACC está siempre relacionado con la magnitud óptima, es decir, no supondrá un reto algo tan difícil que lo sienta irrealizable por sus dimensiones o le haga sentir poco confiado en sus posibilidades de éxito; al igual que no supondrá un reto, algo que no goza de la suficiente complejidad para que su concentración se vea atrapada por la propuesta. El reto en su justa medida, ni en exceso, ni en déficit, una exactitud que no siempre es fácil de hallar y que es necesaria para guiarle en el proceso de aprendizaje, pero que el niño sabe encontrar cuando es él quien lidera este proceso y no actúa bajo la presión del perfeccionismo limitante o la autoexigencia.

Esta es la historia de Álex y su reto narrado por su madre:

> «Nosotros veraneamos en una ciudad costera con un extenso carril bici. Cuando a Álex le faltaban unas semanas para cumplir los tres años, su hermano de seis años iba una noche por el carril bici con su padre con casco, luces y todo lo que a seguridad se refiere. Como es lógico, yo me quedaba con Álex porque todavía llevaba ruedecillas y eso no era compatible con ir por ese carril. Cuando se dio cuenta del logro de su hermano se enfadó de lo lindo y su padre y yo tuvimos que pactar con él. Le dijimos que esa tarde iríamos al paseo marítimo a una hora poco transitada y que si conseguíamos que fuera sin ruedecillas y sin caerse, podría volver a casa por el carril bici, con sus luces y todo lo que correspondiera. ¿Adivináis qué pasó?... ¡Efectivamente!, en 10 minutos se mantuvo estable sin las rueditas volviendo por el deseado carril, más contento que unas pascuas y como si lo hubiera hecho toda la vida».

## 3.2. Humor

El humor es un factor imprescindible para la motivación del niño con AACC. De hecho, a la búsqueda del humor es a lo que destina gran parte de su energía. Un humor, dicho sea ya de paso, que a veces es cinismo, otras sarcasmo y, en algunos casos, humor negro directamente. Y es que buscar el humor oculto en una situación adversa le activa, pone en funcionamiento la maquinaria.

Gemma, la madre de Max (10 años) me contaba que su hijo estaba de vacaciones pasando unos días con sus abuelos. Un día ellos la llamaron ya que Max tenía fiebre. Gemma se preocupó y, hablando con su hijo, este le dijo «tranquila mamá, la vida hay que tomarla con humor y café. Es la frase que quiero en mi epitafio». La madre se rió ante tal ocurrencia de su hijo que quería sacarle de la preocupación, a lo que Max añadió «arrancar estas sonrisas cuando alguien lo lea, es justo lo que busco».

## 3.3. Vínculo con el adulto

El adulto que lidera la actividad tiene un gran poder en el niño con AACC; puede llevarlo al entusiasmo absoluto o a la aversión y apatía más profunda. Que la dirección sea una u otra dependerá de que el adulto sepa captar su atención y de la conexión que se establezca entre ambos. Si el adulto se convierte en referente, en alguien al que admirar por algún motivo, el niño con AACC le sigue y juntos caminan.

Además, que el adulto de referencia lidere el grupo y la actividad, parece que le traslada a una sensación de mayor tranquilidad, como si ese adulto hiciera que la situación fuera más segura y, así, al no sentirse responsable de lo que hacen los demás, poder abandonarse al aprendizaje sin otra preocupación que vaya más allá. Una vez liberado de la responsabilidad de que las cosas se hagan bien, que en realidad no le corresponde, se puede entregar al placer de seguir su instinto motivacional, junto a ese adulto que puede guiarlo.

## 3.4. Conexión entre temas

La conexión entre temas supone una fuente de motivación para el niño con AACC. Si, además, estos temas que quedan conectados son interesantes para él, el éxito está asegurado. El aprendizaje parcelado no le seduce en absoluto, no le despierta interés precisamente por lo fraccionado que es, necesita una mirada global sobre los temas, poder establecer conexiones que le permitan llegar más allá, que le permitan poner en juego lo que sabe para llegar a algo nuevo.

El trabajo por proyectos como metodología escolar estimula esta conexión en los aprendizajes. Aunque, como estamos viendo, hay un gran número de factores que intervienen en la motivación y, el equipo de maestros, por ejemplo, más allá del proyecto de escuela, puede ser uno muy influyente.

## 4. Momentos estelares para desarrollar aversión hacia el aprendizaje escolar

Montse (40 años) recuerda así su paso por la escuela:

> «En la escuela no era ninguna "empollona". De hecho, no estudiaba nunca. Nunca hacía los deberes.
> Sacaba muy buenas notas, brillantes, pero ya procuraba yo que no en todo, no fuera caso que me cogiesen manía. Solamente una vez alguien me convenció de que si yo podía sacar excelentes en todo, era mi obligación hacerlo. Pero, más para demostrárselo que por otra cosa, un año lo hice, pero no estaba dispuesta a sacrificar todo mi prestigio solo por eso, así que no tenía ninguna intención de continuar con esa tónica. Y lo hice bastante bien.
> Era muy competente en todo: estudios, idiomas, deportes, tenía muchos amigos, era bastante líder, los profesores me valoraban... me sentía reconocida. La escuela para mí fue una época muy feliz.
> En aquella época era perfectamente consciente de que tenía un gran potencial: hasta decía que quería ser astronauta, quería trabajar en la NASA y... ¡lo veía factible!».

Pero las personas con AACC no siempre escriben así los recuerdos escolares. A veces, el niño con AACC pasa por realidades en el contexto escolar que lo alejan de su motivación intrínseca por el aprendizaje, como si de algún modo, a través de esas experiencias llegara a la conclusión de que la escuela no es un lugar donde va a aprender, sino que simplemente es un lugar "adonde se va". Veamos algunas de las situaciones recurrentes y veamos cómo las vive el niño con AACC, para así entender la desmotivación escolar que a menudo le mece, como un náufrago a la deriva

## 4.1. Aprendizaje de la lectoescritura

La lectoescritura supone uno de los grandes hitos en el aprendizaje de los pequeños; en el del niño con AACC, también. La diferencia reside en que la mayoría de niños con AACC aprenden a leer y a escribir apenas sin esfuerzo, como si les surgiera de forma espontánea desde algún lugar recóndito de su ser, sin pasar por el ensayo-error, sin necesidad de pasar casi por la lectura fonética o silábica. Empieza a leer y ¡lee!

En la escuela son muchas las horas que se destinan a aprender a leer, horas bien invertidas, ya que ese es el aprendizaje que servirá de base para muchos otros aprendizajes posteriores. A pesar de ello, también podemos intuir cómo el alumno con AACC va estresándose o desconectando, según el carácter que tenga, a lo largo de tantas horas escuchando como sus compañeros leen entrecortadamente algo que ellos hace mucho tiempo que ya podían leer.

Afortunadamente, esta práctica de lectura en grupo cada vez goza de menos apoyo por parte de los maestros y cada vez somos más respetuosos con el hecho de que, en la adquisición de la lectoescritura, existe una elevada variabilidad de ritmos de aprendizaje. Pero cuando esto no es así, el niño con AACC lo sufre, mucho.

## 4.2. Procedimientos matemáticos

Es habitual que el niño con AACC, especialmente durante la etapa de Educación Primaria, sepa resolver problemas u operaciones matemáticas sin conocer los pasos que sigue para ello; es como si, por arte de magia, diera con el resultado. Se trata de unos procedimientos que quedan escondidos por debajo del umbral de su consciencia. Cierto es que debe comprender los pasos que sigue para conseguirlo y que, en algunas ocasiones, necesita ayuda para ello; pero, ¿es necesario que una y otra vez demuestre que conoce esos pasos intermedios? ¿Es necesario que describa todo el procedimiento de operaciones en cada ejercicio, en cada examen, cuando ya sabemos que lo conoce?

Creo que, de nuevo, esto es una muestra de una rigidez en los métodos de un sistema que se define a sí mismo como sensible a la diversidad entre sus alumnos, pero que, implícitamente, intenta homogeneizarlo. El final previsible de este proceder suele ser que el niño con AACC acaba por equivocarse en procedimientos sencillos, fruto de la pérdida de atención que le genera la repetición; este es el castigo recibido por no seguir unos pasos rígidamente establecidos.

De cómo los procedimientos matemáticos se convierten en un pozo en el que se hunde el talento matemático tengo numerosos ejemplos, pero solo daré voz aquí a Biel (7 años), que me exigía una explicación razonable para que él pudiera entender por qué debía copiar los números de un problema matemático debajo del enunciado, uno bajo el otro, con el símbolo de suma delante, una raya debajo y resultado debajo de esa raya cuando él sabía el resultado al acabar de leer el enunciado. Y me decía indignado:

> «¿Te puedes creer que a Xavi, mi amigo, le dieron medio punto en el examen por hacer bien esto y a mi no me han dado ni 0'25 puntos por dar con el resultado pero olvidarme de poner el signo delante? Yo siempre busco los atajos, no me siento confortable siguiendo el camino más largo, porque en ese funcionamiento siento que no soy yo, no es mi manera de vivir».

## 4.3. Pintar en educación infantil

> «—Aina, ¿qué hiciste hoy en el colegio? —Pintar.
> Al día siguiente:
> —Aina, ¿qué hiciste hoy en el colegio? —Pintar.
> Al día siguiente:
> —Aina, ¿qué hiciste hoy en el colegio? —Pintar».

Los días siguientes Aina no contestaba a su madre cuando esta le preguntaba qué había hecho en el colegio. Se tapaba los oídos. Al cabo de un mes de iniciar la escuela, Aina (3 años) le dijo a su madre: «¿Sabes qué mamá? Ya iré a la escuela cuando aprendamos, de momento, seguimos pintando».

Y es que durante la etapa de educación infantil se pinta bastante, y ello tiene sin lugar a dudas unos beneficios para el desarrollo de los niños a nivel psicomotriz, entre otros. Pero, para el niño con AACC, esto puede ser una fuente de desmotivación. Dibujar no, dibujar lo siente más complejo y lo conecta mucho más con la tarea creativa, pero, pintando mucho, a veces, siente que no pinta nada.

## 4.4. Los trabajos en grupo

El trabajo cooperativo se basa en una organización de grupo a partir de la cual el objetivo final se consigue si todos los miembros aportan, interaccionan y se ayudan entre ellos. El fin colectivo es el motor de este tipo de trabajo que aporta, tanto avanzar en el aprendizaje individual como ayudar a los logros de los demás.

Esta metodología supone un gran recurso de trabajo en el aula; a través de la experiencia social que de ella se deriva, todos juntos podemos llegar a un final mejor para todos.

La dificultad para el niño con AACC no es el trabajo cooperativo en sí mismo (aunque a veces sí), sino más bien la constitución del grupo. Y es que la tendencia en las escuelas es crear grupos heterogéneos en función de las habilidades de las que gozan los miembros del grupo en detrimento de lo opuesto: construir grupos homogéneos. Y ahí reside el malestar, en que siempre optemos por los primeros. «La suma de las partes no siempre es mejor que las partes solas» me decía Max al hablarme de la frustración que sentía al no poder conducir al grupo hacia la forma de trabajar y hacia el producto final que él veía con tanta claridad. Además, no lo olvidemos, se puede trabajar de modo cooperativo en ambos tipos de grupos y no hacerlo supone desaprovechar la metodología cooperativa.

El grupo heterogéneo permite trabajar sacando partido a unas áreas de desarrollo personal que facilitan la diversidad y ayudan a sentir cómo todos los miembros pueden aportar algo para conseguir el logro común. En el grupo homogéneo, por capacidad, debido a que poseen un mayor número de experiencias previas comunes a nivel personal, el punto de partida del grupo es más similar, lo que facilita que se intuyan y comprendan mejor y, por ello, trabajen a un ritmo más rápido.

Siento que el grupo homogéneo, por capacidad, ha gozado de mala reputación durante años porque se ha considerado un tipo de elitismo. El niño con AACC no es elitista, raramente se pone por encima, a ningún nivel, de los demás niños (más bien al contrario, la verdad), por lo que difícilmente pondrá a ondear esta característica como una bandera a través de la cual alojarse por encima de los demás. Os aseguro que este tipo de actitudes no son propias del niño con AACC.

Mientras escribo estas líneas veo a Adrià (15 años) sentado frente a mí, con esa mirada de determinación que da una decisión tomada desde el más hondo de los convencimientos, diciéndome:

> «Se acabó, no voy a arrastrar a más grupos detrás de mí, demasiada la energía que me supone para conseguir un resultado tan pobre. ¡Que lo haga otro! Yo ya he dado por cerrado ese papel en mi vida. Que lo haga el profesor si le parece tan enriquecedor a nivel personal. Yo no».

## 4.5. Te motivo bajándote la nota

En el contexto escolar, a veces se dan paradojas del siguiente tipo: a un alumno con AACC que obtiene excelentes en los exámenes, pero que no se esfuerza "tanto como podría" en la parte procedimental de la asignatura, o que no muestra una actitud participativa en el aula, su profesor ha decidido ponerle una nota global de notable usando como pretexto "que no se desmotive" o "para que tenga por lo que esforzarse" aunque los conocimientos demostrados son, como siempre, de sobresaliente.

¡Qué agrio sabor de boca siente el alumno con AACC cuando esto ocurre! Lejos de conseguir que este gesto de su profesor le motive, hace que viva lo ocurrido con una elevada frustración y esa materia quede teñida de aversión, de hastío y de injusticia en lo más profundo de su ser.

## 4.6. No os preocupéis, no se aburrirá conmigo

Imaginaos la siguiente escena: Detectamos a un niño con AACC, la familia habla con el tutor y este tranquiliza a la familia diciéndole que no se preocupe, que su hijo no se aburrirá en el aula. Al día siguiente, el niño cuenta con un material complementario que supone más y más ejercicios de *lo mismo* que ya tiene aprendido, de tal manera que cuando acaba las sumas al igual que sus compañeros, pero en menor tiempo, tiene preparada una nueva ficha, solo para él, con otras tantas sumas.

Esto es vivido por el niño con AACC como un castigo, no supone una mejora en su día a día, no supone un enriquecimiento significativo de las tareas, no supone que aquella nueva ficha le sea más nutritiva académicamente hablando que las anteriores, y llega a la siguiente conclusión: «Tengo que trabajar más lento.»

No me extenderé, ya que no es el objetivo de estas páginas, abordar el tipo de intervenciones que pueden ponerse en funcionamiento en el aula para dar respuesta a las necesidades educativas de estos alumnos. Pero no puedo pasar por alto el dedicar, aunque tan solo sean unas líneas, a la indiscutible importancia de que las intervenciones en el aula sean ante todo, y sobre todo, significativas. Es decir, deben suponer una compactación previa de todo aquello que nuestro alumno ya tiene consolidado, para así liberar un tiempo diario precioso que permita introducir tareas nutritivas para él, tareas que le motiven, que le impriman reto, que estimulen su creatividad latente en muchos casos, y que le mantengan despierto y conectado a la realidad escolar.

No olvidemos que un niño con AACC tiene todo a punto para aprender: la actitud y el potencial. Si aprende es más feliz, si no sucede esto es más infeliz. Es como el que tiene las manos repletas de agua y no encuentra dónde dejarla, no encuentra un cuenco que la pueda contener... ¡qué apuro! Lo mismo le sucede al niño con AACC: debe encontrar el modo de "depositar" esa curiosidad y motivación, signos propios para él, en algún lugar para que no se pierdan, y canalizarlos y hacerlos florecer antes de que se evaporen. Como adultos que le acompañamos durante su desarrollo siento que tenemos la obligación de ayudarle a hacerlo posible.

## 4.7. Secundaria: nuevo ciclo, nuevas esperanzas

El alumno con AACC, en muchas ocasiones, sale de su paso por el ciclo de Educación Primaria (EP) con algunos signos de desmotivación que no preocupan en su entorno ya que el rendimiento es bueno. El paso al ciclo de Enseñanza Secundaria Obligatoria (ESO) es vivido por él desde la ilusión y la esperanza.

Le seduce la idea de cambiar de tercio tras tantos años en EP, quiere crecer y piensa que las cosas van a cambiar. Pero la realidad que encuentra casi nunca supone una mejora. Me dicen: *«La mayoría de cosas no sé para qué deben servir»* y la dificultad aumenta, sin que él disponga de unos hábitos de estudio que le acompañen en el aprendizaje. En algunas ocasiones, no en todas, el descenso en las notas es repentino y le llega a él y a quienes le rodean por sorpresa.

Esto le abruma. Él siempre había sido buen estudiante, y ahora se ve en el grupo de niños que necesitan refuerzo y la sensación de fracaso a menudo le paraliza. En estos difíciles momentos, siento que, por una parte, hay que enseñarle a esforzarse, ya que en muchas ocasiones no sabe ni cómo ponerse a estudiar o a organizar sus tareas y, por otra, hay que ayudarle para que las asignaturas puedan resultarle motivadoras.

## 4.8. El sinsentido del bachillerato

El bachillerato es ese programa académico pensado para acceder a la universidad, cuyo objetivo último es ser mejor que los demás para acceder a los estudios universitarios deseados y encarrilar la trayectoria que culmina con la incorporación al mundo laboral.

«Tanto para tan poco» me decía Iban al hablarme de su paso por bachillerato. *«Tanto»* refiriéndose a los dos años pasados en unos estudios que, en sí mismos, sentía sin sentido por la carencia de una motivación intrínseca para afrontarlos, ya que lo único que importaba era la nota y no lo aprendido. «Para tan poco» refiriéndose a que, con tanto esfuerzo y tanto tiempo invertido, sentía que estaba simplemente y de nuevo en el punto de inicio de algo.

Difícil el paso por bachillerato para el joven con AACC, que tras la escolaridad obligatoria se ve sumergido en un periodo donde la motivación es claramente extrínseca, una fuente de motivación que, como veíamos al principio del capítulo, le queda muy alejada de su esencia en el modo que tiene de abordar el aprendizaje.

## 5. La decisión como encerrona

Merche (16 años) cursa segundo de Bachillerato y mañana acaba el periodo para realizar su prematrícula para la universidad. Ha apurado hasta el último día esperando que de algún modo ante ella apareciera cuál es la opción correcta (si es que existe una opción correcta). Es brillante, su expediente es envidiable para cualquier estudiante, pero ella ha entrado en pánico. No puede elegir y me dice:

> «Todo me resulta interesante, no puedo decantarme por una sola cosa, me siento incapaz de elegir... me angustia pensar que cada elección que hago me cierra más y más puertas, me oprime, deja fuera de mi alcance tantos mundos que podrían resultar apasionantes... Jamás podré decidir. Me siento bloqueada. Mi hermana mayor me dice que decidir es positivo, que con cada elección te aproximas más a tus objetivos. Pero de ningún modo yo puedo sintonizar con esa manera de ver las cosas. Siento que si dejo alguna alternativa al borde del camino, pierdo... ¡siempre pierdo!».

A menudo, cuando pregunto a adolescentes con AACC qué sienten que hay en el otro polo de la motivación, surgen conceptos como desmotivación, aversión, apatía, etc. y, en un número nada despreciable de ocasiones, aparece el *tener que decidir*. «Qué extraña combinación» puede que estés pensando.

La explicación está en la dirección que sienten que imprime cada concepto a sus vidas. Sienten que la motivación es abierta, un camino hacia la amplitud, un proceso divergente, en expansión continua. Sin embargo, la decisión es lo contrario, algo que restringe, que cierra puertas (como decía Merche), que sigue un curso convergente hacia un punto, limitante. Y, además, al decidir corres el riesgo de equivocarte (¿recuerdas lo que veíamos en el capítulo Frustración?).

Esa es la explicación, lo que debemos leer entre líneas: cuando decidir se convierte en bloqueo.

## 6. Creatividad: la píldora para el desmotivado

Ahí lo tenemos, tirado, incapaz de levantarse (metafóricamente hablando) y dar un paso más allá. Tantos y tan rápidos eran sus pasos durante la infancia que, ahora, verle tan quieto hace sospechar que algo anda mal en ese ya adolescente con AACC. Y es que la desmotivación no es un punto en el camino, sino que es un proceso al que llega tras unos años pasados sin haberse nutrido como necesitaba a nivel cognitivo.

Llegados a este punto, los adultos que le rodean están de acuerdo en una cosa: ¡Algo habrá que hacer! Porque sin duda ese no es él, perdió su esencia, es la versión descafeinada de sí mismo. Y se preguntan: ¿Cómo le ayudamos? ¿Qué hacemos?

En su potencial creativo caído en el desuso creo que está el primer escalón al que debemos acompañarle, para que después él mismo sea capaz de subir los demás escalones que le devuelvan a su estado natural de motivación. Esos escalones que se suceden tras la creatividad perdida son los que anteriormente he unido bajo el título de *Cuadratura del círculo motivacional*. En mi experiencia he podido comprobar que si lo acompañamos a volver a vibrar a través de su creatividad, él es autosuficiente y autónomo para poder subir esa escalera hasta la motivación entendida de modo global.

La creatividad es la gran olvidada y el eje vertebrador de la asociación entre ideas que nos permite llegar a algo nuevo y original. Entendamos por creatividad la capacidad o facilidad para inventar, para combinar ideas imaginativamente obteniendo resultados que son mucho más que la simple suma de ellas, sorprendiéndonos, admirándonos.

El pensamiento creativo y el pensamiento crítico van de la mano en el niño con AACC. A través de ese tándem que le es tan característico y le define en esencia, nuestro protagonista es capaz de mostrarse curioso, es capaz de contrastar diferentes informaciones antes de hacerlas suyas, evalúa los datos antes de tomar una decisión y de tener una opinión personal sobre cualquier tema y disfruta validando como propios los diferentes puntos de vista que pueden versar sobre cualquier asunto de la vida. Es a través de esta forma de pensar que vuelve a ser productivo, fértil, fecundo y accede a un pensamiento innovador que vuelve a tener motor y sentido para él.

## 7. El poder de las pantallas

Las tecnologías de la información y la comunicación (TIC) están convulsionando la sociedad, las familias, la educación, la comunicación y las relaciones personales sin lugar a dudas. Es un fenómeno que, a menudo, desconcierta a los que no somos, por edad, nativos en su uso, ya que no siempre sabemos cómo gestionarlo y nos asusta cuando lo vemos empapando la vida de niños y adolescentes. Es normal. A pesar de que ellos intentan explicarnos lo que les aportan las TIC y la resonancia que tienen en sus vidas, los adultos a menudo no conseguimos entenderlo. Lo desconocido nos asusta. Mal motor el miedo para intentar gestionar cualquier asunto y, cómo no, también este.

El fenómeno de las TIC y el manejo de Internet son poderosos, ya que permiten generar contenidos y opinión, transmitir ideas, crear propuestas, mostrarse de diversos modos y ser vistos por el grupo de referencia o por desconocidos. El contacto con este nuevo mundo, tan real como el no digital, sea dicho de paso, puede darse de forma saludable o de forma patológica (¡no solo de forma patológica!) y, por lo tanto, es relevante en el desarrollo del niño y del adolescente. La vida real y la vida virtual no son vidas paralelas –aunque los adultos así lo sentimos a veces–, sino que son una, una sola vida. Pienso que lo hemos de entender así si realmente queremos acercarnos a este fenómeno e incorporarlo a la educación.

Las TIC pueden utilizarse correctamente o pueden ser mal utilizadas. Parece una obviedad, pero desde el miedo esto queda tremendamente desdibujado. Las TIC nos facilitan el trabajo y nos dan nuevas posibilidades de ocio y relación, a la vez que, si no sabemos utilizarlas, implican un riesgo al permitir el acceso a contenidos no adecuados según la edad del usuario, o pueden llevar al acoso escolar online o a la adicción. El problema, como en tantas otras cosas, no reside en el recurso, sino en el uso que de él hagamos. Pero ¿cómo ayudar a niños y adolescentes a que hagan un buen uso de esta potente herramienta? La tecnología está aquí, forma parte indiscutible de nuestras vidas y supone un cambio obvio a nivel relacional, laboral y lúdico que debe ser elaborado por toda la sociedad.

A nivel relacional, la idea de que las redes sociales conducen a los jóvenes al aislamiento social y a los contactos superficiales volviéndolos solitarios ha tenido bastante resonancia. Pero ¿seguro que es así? Quizás lo que realmente consiguen las redes sociales es una menor soledad, ya que permiten a los jóvenes estar en contacto con un mayor número de personas, y desde esa ampliación de su red, encontrar relaciones en las que se sientan mejor. También es el lugar en el que han descubierto que no son tan raros, ya que existen personas en otros lugares del planeta a quienes les entusiasma lo mismo que a ellos.

Las redes sociales son importantes en el desarrollo de la identidad del niño, ya que no solo suponen un mostrarse a los demás, sino que también implican recibir una valoración de lo que ha mostrado, a través de los ansiados "Me gusta" o similares. Y ante este *feedback* de su ecosistema digital, el niño o adolescente no resta indiferente, lo que supone unos riesgos o unos beneficios, según su uso.

Existen otros ejemplos, seguro, para ilustrar cómo las TIC pueden sumar o restar en nuestras vidas. Pero lo que es seguro es que, para tratar con profundidad este tema, lo primero es liberarnos de prejuicios, como paso previo necesario a poder entenderlo en su complejidad y, desde ahí, ayudar a niños y adolescentes en su uso. A esto se refiere Guillermo Cánovas con el término *Salud digital* que tan clarificador resulta.

Y la gran pregunta que todos tenemos en la cabeza seguramente es: ¿Cuándo el uso de las TIC se convirtió en un problema y estamos ante una conducta adictiva? ¿Cuándo ese niño o adolescente perdió la salud digital? La respuesta va en la línea de cualquier conducta adictiva: cuando las TIC interfieren en su vida porque toman el protagonismo de esta.

Carlos (12 años) sonríe cuando piensa en las pantallas como forma de ocio y me cuenta que «*Cinco minutos más*» es la frase que cree que más ha dicho en su vida. Y no precisamente para dormir un poco más por la mañana, sino para conseguir alargar la partida de algún juego que corre el riesgo de interrumpirse por la presión que sus padres suelen ejercer para "pasar a otra pantalla" (esta vez, metafóricamente hablando).

Los juegos que actualmente captan la atención de todos los niños y que también ejercen este poder sobre el niño con AACC lo consiguen porque reúnen una serie de características que lo hacen posible. Veamos algunas de estas características siguiendo las palabras de Carlos al reflexionar sobre el poder de las pantallas en su vida.

> «Suponen reto en estado puro, reto que no encuentro en el mundo real. Un tipo de reto que tiene que ver con que no existe un final, siempre quedan nuevos mundos por explorar, nuevas construcciones que inventar… Además, creo que debido a mis AACC, se me dan bien, ya que implica pensar rápidamente, tener buenos reflejos, descubrir nuevos mundos sin límite y eso consigue que me mantenga despierto, investigando e investigando como proseguir, como seguir avanzando en la aventura que estoy viviendo. Además... mientras no estoy conectado la partida continúa y puede que algo horrible esté pasando o que algún compañero necesite mi ayuda.
> Me siento feliz mientras estoy buscando una nueva meta y corro de algún modo hacia ella, mientras lucho por conseguirla. Después, cuando ya la he alcanzado pierdo el interés y dirijo mi mirada a lo siguiente. Eso me dan los videojuegos, el reto ilimitado y el reconocimiento del grupo por ser bueno en ellos».

La motivación que imprime el reto como ingrediente, la posibilidad de pertenecer que da ser reconocido como brillante jugador, la capacidad de mostrar unas habilidades que no siempre se pueden poner en juego: este es, en esencia, el poder de las pantallas como fuente de motivación indiscutible.

## 8. Educar en casa

En los últimos años ha aumentado considerablemente el número de familias que apuestan por la educación en casa o *homeschooling*. Del mismo modo, un número cada vez mayor de familias con hijos dotados con AACC optan por esta fórmula como solución al malestar acumulado ante la pobre respuesta por parte del sistema educativo a las necesidades de sus hijos. Desde luego, esto no siempre es así y merece la pena romper una lanza por tantos profesionales de la educación que están ayudando al desarrollo íntegro de tantos niños con AACC.

Para algunas familias, la realidad es que, con la identificación de su hijo como niño con AACC, empieza un vía crucis hasta tal punto desgastante que no pueden sostener por más tiempo el confiar a su hijo a un sistema educativo que sienten que no le nutre como necesita, encontrando la salida justamente saliendo de ese sistema. No existen datos del número de familias de niños con AACC que optan por el *homeschooling* pero, sin duda, su número no hace más que aumentar. Las familias que conozco de primera mano que optan por educar en casa a sus hijos con AACC toman esta decisión tras una intensa reflexión sobre la educación, y basándose en una experiencia negativa con la escolarización.

Entendamos a grandes rasgos qué supone la educación en casa. Se trata de responsabilizarse de forma integral de la educación de los hijos, tanto en los aspectos académicos como emocionales, sin delegar ninguno de estos aspectos a la escuela, pero, a la vez, con la libertad de contar con la ayuda de profesionales si es necesario. Para ello hay multitud de formas de llevarlo a cabo, de hecho hay tantas formas de educar en casa como familias.

Tanto diferentes estudios como las familias con las que he compartido la experiencia avalan que se trata de una opción válida que, bien llevada a cabo, permite garantizar el desarrollo pleno e integral de los niños y que, en las familias con hijos con AACC, supone una mejora que no siempre puede darse en la escuela. Una característica que destacan de este método es que es el niño quien guía su propio proceso de aprendizaje, aprendiendo desde la autonomía a profundizar tanto como desee en aquello que le mueve, proceso que cambia con el tiempo a partir de los intereses que suelen nacer de sí mismo. De este modo, la motivación adquiere un papel principal, como motor de la evolución de su aprendizaje.

Por mi experiencia con familias con niños con AACC, sé que algunas de ellas han encontrado el resultado que buscaban a través de la educación en casa. También percibo que es un método que requiere mucho esfuerzo, implicación y dedicación por parte de todos a los que concierne y que su éxito tiene mucho que ver con sus características personales. Por todo ello, siento que es una opción que merece la pena tener en cuenta, ya que ha sido útil para algunos de los niños con quienes he trabajado. Como en todo, será fundamental informarse bien y decidir en función de las necesidades, de las posibilidades y de la conveniencia de cada caso.

En absoluto soy experta en este tipo de educación. Mi trabajo siempre ha sido desempeñado en coordinación con escuelas de muy diverso tipo y, por este motivo, en la bibliografía recomendada puedes encontrar algunas lecturas que he escogido asesorada por la Asociación para la Libre Educación (ALE) donde podrás informarte correctamente antes de tomar una decisión. Espero que te sea útil.

# SEGUNDA PARTE

# DINÁMICAS Y JUEGOS PARA NIÑOS CON AACC

# Introducción

A lo largo de mi experiencia como terapeuta con personas con AACC he usado un gran número de dinámicas y juegos para trabajar los aspectos que hasta aquí he comentado. Algunas dinámicas nacieron respondiendo a una necesidad terapéutica en una sesión individual o grupal que he realizado; otras, son adaptaciones de propuestas que otros profesionales pensaron para trabajar determinados aspectos con niños y a los que yo les di algún giro para adaptarlas a niños con AACC. A continuación, os ofrezco una selección de ellos, con el objetivo de que el niño con AACC aprenda a aceptarse y a confiar más en sí mismo y en sus capacidades, ayudándole así a desarrollar su personalidad y a trabajar las debilidades y habilidades que pueden determinar una interacción emocionalmente sana con el entorno.

Encontraréis las dinámicas y los juegos clasificados en los mismos cuatro bloques con los que he estructurado la parte explicativa de este libro: Sensibilidad, Frustración, Pertenencia y Motivación. Cada apartado reúne propuestas para trabajar estas cuatro áreas, que caracterizan el espectro emocional del niño con AACC. Algunas de estas propuestas son *Dinámicas para el aula*[1] que resultan más adecuadas para el contexto escolar, ya que se apoyan en una dinámica relacional para la que es imprescindible que exista un grupo de niños con quien trabajar y compartir.

Otras son *Juegos en familia*[2], y suponen un trabajo enmarcado en la cotidianidad familiar o en la intimidad que la familia puede proporcionar.

---

[1] Las *Dinámicas para el aula* se indicarán con el símbolo .

[2] Los *Juegos en familia* se indicarán en el símbolo .

En algunos casos, con alguna pequeña variación, la propuesta puede adaptarse tanto a un contexto familiar como escolar.[3]

Finalmente, cabe añadir que las propuestas deben ser matizadas por el adulto que las lidere, en función de la edad del niño o del grupo y que, a pesar de que las dinámicas están pensadas para trabajar objetivos vinculados con áreas de malestar en población con AACC, el grupo de niños que participan en la dinámica no tienen porqué estar dotados de ellas; es más, a veces, también es enriquecedor, especialmente a nivel familiar, que todos los miembros de la familia participéis en el juego.

Te invito a iniciar este viaje, a través del cual puedes descubrir en tu hijo o hija, en tu alumno o alumna, capacidades sorprendentes que quizás hasta hoy permanecían ocultas para ambos. Os invito también, y os deseo, que juntos os divirtáis mucho mediante este proceso.

---

[3] Cuando se haga referencia a ambos contextos, se indicará con los símbolos y .

# Capítulo Uno

## Sensibilidad

La manera de sentir propia del niño con AACC hace que a menudo se enrede en sus propias emociones y sentimientos, y que no sea capaz de disfrutar de su sensibilidad, utilizándola, como el recurso que realmente es, para resolver las situaciones que va a ir viviendo a lo largo del ciclo vital.

Para ayudarle a vivir con ese exceso de emoción, el camino no es pedirle de modo más o menos explícito que reprima su sensibilidad, sino todo lo contrario. Ayudarle a expresarse, darle permiso para sentir lo que siente –porque esto no nos asusta–, sin reticencias, sin reservas, para que se sienta libre y aceptado por nosotros es el objetivo de este apartado. Este niño necesita, sin duda, que no temamos sus desbordamientos. Démosle un entorno que no censure la expresión emocional, pues en ella reside su fuerza vital.

Es muy importante, para que se sienta entendido y acompañado, que aceptemos la manera que tiene de sentir; y esto va más allá de lo que decimos, va mucho más allá de las palabras, ya que un gesto de desaprobación o de hastío por una explosión emocional puede invalidar cualquier acercamiento previo que hayamos tenido, y hacer que se sienta defraudado.

El entorno familiar y la escuela son los lugares más significativos en donde los niños se desarrollan y, por lo tanto, la mirada que reciben de sus padres y profesores marca profundamente su desarrollo emocional.

Él piensa por sí mismo, y sus opiniones, deseos y necesidades deben ser respetados y considerados con seriedad. Solo si nosotros les damos la importancia que tienen, también él se la adjudicará.

## 1. Cuestionario: ¿Qué emociones me definen?

Este breve cuestionario pretende ser una guía para determinar qué emociones predominan en cada niño con AACC y así saber con mayor claridad sobre cuál de ellas será prioritario trabajar. Se trata de una recopilación de afirmaciones que he ido recogiendo a lo largo de los años y que se repiten cuando los niños con AACC hablan de sus emociones.

Para utilizar este cuestionario, será más útil preguntarle a él si conecta con cada una de las afirmaciones, no contestarlo nosotros desde nuestra mirada adulta sobre él. Es decir, se trata de captar cómo siente en primera persona, no de hacer una inferencia de cómo creemos nosotros que está o siente. El cuestionario no pretende ser exhaustivo; representa un punto de partida adaptable y ampliable tanto por parte del niño como del adulto.

| **Cuestiones** | **Sí** | **No** |
|---|---|---|
| Me considero un niño alegre | | |
| Me considero un niño miedoso | | |
| Pienso que los demás resuelven mejor sus problemas que yo | | |
| Pienso que a los demás les valoran más que a mí | | |
| Me siento capaz de defender mi punto de vista | | |
| Me cuesta ilusionarme por las cosas | | |
| Me cuesta estar totalmente satisfecho de mí mismo | | |
| Suelo desviar con bromas temas que me abruman | | |
| Siento que nadie me entiende completamente | | |
| Me asusta no poder controlar mis emociones | | |
| Mis padres y profesores me recuerdan constantemente que tengo que aprender a controlar mis reacciones | | |
| Mis sentidos están siempre alerta | | |
| Soy susceptible, incluso a gestos o miradas | | |
| No logro encontrar las palabras para explicar cómo me siento | | |
| Mi forma de sentir es como un tsunami | | |
| Lo que siento me inunda y no puedo restarle importancia | | |

| | | |
|---|---|---|
| Los adultos me animan siempre a relativizar lo que siento | | |
| Siento que puedo entenderlo todo con mi cabeza | | |
| Soy consciente de la complejidad que acarrea vivir | | |
| Me irrita que me traten como a un niño y no me dejen dar mi opinión o decidir | | |
| Cuando exploto pierdo la noción de la realidad, es como si no fuera yo | | |
| No entiendo las reacciones de los demás niños, me dejan perplejo | | |
| Necesito denunciar las injusticias hacia mí o hacia los demás | | |
| El desorden me altera por dentro | | |
| Hay ruidos, sabores, olores que son tan penetrantes para mí que no puedo prestar atención a nada más que a eso | | |
| Me cuesta dormir, siempre hay alguna idea o imagen que inicia una nueva cascada de pensamientos | | |
| En los videojuegos encuentro la tranquilidad, ahí todo encaja | | |
| Me cuesta reconocer mis errores | | |
| Siento que la tristeza es un pozo que me engulle | | |
| Siento miedo a crecer | | |
| Siento que mi modo de mostrar la alegría incomoda a las personas que me rodean | | |
| Suelen decir de mí que soy un dramático, un exagerado | | |
| Cuando creo en algo, me siento imparable | | |

## 2. Dinámicas y juegos para trabajar la sensibilidad

A continuación, encontrarás propuestas para trabajar estas emociones, para ayudarle a darse cuenta de lo que siente, a que pueda establecer relaciones entre sus pensamientos, emociones y comportamientos, y para acompañarle con el objetivo de que pueda incorporar su sensibilidad de forma sana, de modo que esta le impulse hacia la vida y así evitar que quede bloqueado por el caos emocional.

## 2.1. El diccionario de las emociones ( o )

Material: lápiz y papel.

El niño con AACC tiene una gran riqueza emocional y sus experiencias están teñidas de multitud de matices que debe poder descubrir, identificar y transmitir a los demás. No es una tarea fácil poder distinguir los propios estados emocionales y expresarlos con palabras, pero, para el niño con AACC, conseguirlo es de vital importancia para no sentirse bloqueado.

El lenguaje es una riqueza y una limitación al mismo tiempo. Encontrar la palabra con la que conseguir expresar cómo se siente es todo un reto. Parece como si solo existiera una palabra, la exacta, que pudiera abarcar los matices de sus emociones. Otra no sirve, la siente imperfecta.

Estos matices, esta riqueza con la que percibe, necesita encontrar su representación en el lenguaje, de otra manera, no consigue expresarse, porque las palabras se le quedan cortas y siente que el mensaje está vacío. Dada su autoexigencia, si no consigue expresar lo que siente tal y como es, prefiere no expresar nada, y cada vez se encierra más y más en su caparazón.

Por todo esto, es imprescindible tener un listado de palabras que expresen las diferentes emociones desde todos los matices posibles, ya que no es lo mismo la desesperanza, la tristeza, la infelicidad o la melancolía.

Ni es lo mismo la culpabilidad que la vergüenza o el remordimiento. Tampoco son iguales el aislamiento, la soledad, la nostalgia, el abatimiento o la humillación. ¿Qué diferencias hay entre el pánico, el miedo, la histeria o el terror? ¿Qué diferencia el malestar, la preocupación, la angustia o la tensión? No confundamos la incredulidad con la sorpresa o el estupor; ni la compasión con la ternura, la estima, el afecto o el amor. ¿Qué caracteriza la diversión, la alegría, el deleite, la euforia o el éxtasis?... Podríamos seguir así, matizando emociones, hasta el infinito.

La dinámica se inicia proponiendo al grupo, o a la familia, que genere una lluvia de ideas sobre todas las palabras que conoce que se atribuyen a estados de ánimo. A continuación, existen dos posibilidades: la primera, que el grupo construya conjuntamente su diccionario de palabras emocionales encargándose cada miembro de una o varias palabras y, la segunda, que cada miembro del grupo construya su propio diccionario completo.

Es interesante dar una pequeña pauta sobre qué debe recoger cada palabra. Por ejemplo, podría incluir:

- ¿Qué es?
- ¿Dónde la sientes? (lugar físico, corporal o ambos)
- ¿Cómo la distinguen en ti las demás personas?
- ¿Qué experiencias te hacen sentir de ese modo?
- Atribúyele un color, una forma, un tacto, un olor, un sabor y un sonido.

El diccionario no se da nunca por acabado, está en continuo crecimiento, puesto que pueden aparecer nuevas palabras que aportan nuevos matices.

## 2.2. De oca a oca y siento porque me toca ( y )

Material: tablero de madera o cartón y material de dibujo.

Es una propuesta para trabajar también la conexión entre el sentir y el lenguaje, que, para niños más pequeños, resulta más adecuada que la construcción de un diccionario.

Se trata de crear un juego de la oca sobre “el mundo de las emociones”, y en la meta, se encuentra “la felicidad eterna”. Por el camino, al igual que en el clásico juego de la oca, encontraremos casillas que nos harán ralentizar o agilizar el avance. Algunas de esas casillas pueden ser “la posada de la frustración”, “la cárcel de la culpa” o “el pozo de la soledad”; para compensar también podremos ir “de oca a oca y tiro porque la dificultad me invoca” o “de dado a dado porque me siento motivado”, por enumerar algunos ejemplos. Evidentemente, la creatividad de los participantes es importante en esta propuesta.

Buscar rimas ingeniosas, diseñar las casillas o inventar las reglas atrapa al niño con AACC en su faceta más creativa, pero, además, la construcción del tablero facilita la reflexión en torno a las diferentes emociones y ayuda a tomar conciencia sobre qué emociones y actitudes impulsan o limitan en el camino hacia el sentirse bien y cuáles generan malestar.

Recomiendo que también se elabore un manual con las reglas del juego, que especifique las consecuencias que se derivan de caer en algunas de las casillas.

## 2.3. Esta es mi vida (  o  )

Material: material de dibujo. Elegir un viaje imaginario para facilitar la conexión con las emociones del niño.

La propuesta consiste en trazar una línea en una hoja, dividirla en tantos años como tiene el niño o la niña y luego reseguir la propia vida desde el presente hacia el pasado a través de una sola emoción. Es decir, buscar aquellos momentos que están conectados por una misma emoción, que puede ser la que se considere más relevante en el momento en el que está el niño, ya sea la alegría, la frustración, el dolor o el sentimiento de no pertenencia, por ejemplo.

Esos momentos que el niño recogerá, como encarnación de esa emoción a lo largo de su vida, deben quedar simbolizados en su línea de la vida del modo que desee cada niño: con una palabra, con un dibujo, con un símbolo, etc. De nuevo, la creatividad tiene un lugar en esta propuesta.

Recomiendo que, antes de realizar esta actividad, se dediquen unos minutos a acompañar al niño en un viaje imaginario que le permita conectar con esa emoción, guiándole a través de una narración, a través de la imaginación. Por ejemplo, si el eje vertebrador de la línea de la vida es la frustración, podríamos utilizar el viaje imaginario de una rosa que va creciendo y acaba siendo podada por un jardinero.

La dificultad para gestionar y aceptar los cambios también es un aspecto importante a trabajar con el niño con AACC. Una variante de esta dinámica que nos permite trabajar este aspecto consiste en confeccionar una línea de la vida donde aparezcan, ordenados cronológicamente, los cambios más importantes que ha experimentado hasta el momento (cambio de casa, muertes cercanas, nacimiento de un hermano/a, etc.). Durante unos días se puede dar la opción de que pregunte a sus padres, familiares o profesores acerca de estos cambios que recuerda. Una vez recopilada toda la información, podrá colocar todos los cambios sobre su línea de vida y, en esta ocasión, es importante que al lado escriba qué aprendió con cada uno de esos sucesos vividos.

## 2.4. Metaforeando que es gerundio ( y )

Material: cartulina, material de dibujo, revistas ilustradas.

En ocasiones, no es tanto que el niño con AACC no encuentre la palabra exacta que defina su emoción, sino que las palabras a veces le confunden cuando intenta expresar cómo se siente. Con el uso de metáforas, se abre un gran abanico de posibilidades para trabajar con él sin la limitación que supone, a veces, el nivel de conocimiento léxico.

Para exprimir al máximo el recurso de trasladar al lenguaje más simbólico o metafórico lo que siente, existen tres dinámicas que yo utilizo habitualmente y que quizás te pueden resultar útiles.

La primera de ellas consiste en construir un dado de cartulina y adjudicar una emoción a cada uno de sus seis lados. Cada participante, cuando llegue su turno, deberá tirar el dado 3 veces y, a continuación, elaborar un cuento donde pueda recoger esas tres emociones. Para los más pequeños, las emociones que recoge el dado deben ser más primarias como, por ejemplo, alegría, tristeza, rabia o miedo; en niños mayores, podemos introducir matices como la frustración, la decepción, el entusiasmo, la desmotivación o el malestar.

La segunda propuesta consiste en completar la secuencia «si yo fuera un… sería…, porque soy...». La actividad se basa en ir proponiendo tantos elementos como se os ocurran que puedan ser interesantes como inicio de la frase, para que el niño genere el segundo y tercer espacio. En este tercer espacio, el niño debe buscar las tres características que le son propias y han guiado su elección. Por ejemplo, para el primer espacio puedes proponer «si yo fuera»: un color, un planeta, una comida, un mes, una canción, una planta, un animal, un personaje de un cuento, etc. Estas ideas disparan el imaginario de todos los niños y, especialmente, el del niño con AACC, pudiendo identificarse fácilmente con una idea atribuyéndose unas características que le son propias y quedan bien recogidas.

Por ejemplo, un niño me dijo «si yo fuera un color, sería el azul cielo, porque soy frío, despejado y lejano», o recuerdo otra niña, que se identificó del siguiente modo a través del lenguaje metafórico: «si yo fuera un planeta sería mercurio, porque necesito tener algo cálido cerca para no enfriarme, siempre quiero ser la primera y no tengo satélites (identificando satélites con amigos)».

La tercera propuesta busca que el niño pueda identificarse con lo metafórico, pero huyendo del lenguaje. Se trata de construir el propio paisaje emocional a través de imágenes. Cada niño o cada miembro de la familia construirá su propio *collage* o mural, buscando imágenes en diversas revistas que tendremos a su disposición, con la pretensión de que ese mural sea una buena instantánea que nos permita verle en su faceta más emocional, es decir, que nos permita ver su paisaje emocional en el momento presente. A partir de esa creación, se pueden hacer diferentes propuestas como "darle voz al mural" a través de un cuento inspirado en él, que el grupo dé un *feedback* al creador sobre lo que transmite su creación, o buscar similitudes entre las diferentes creaciones.

## 2.5. Operación publicitaria ( )

Material: cartulina y material de dibujo.

Se constituyen equipos de trabajo y cada equipo se encargará de hacer la campaña publicitaria de la emoción que desee hacer crecer en el grupo.

Esa campaña publicitaria tendrá dos etapas:

1. El equipo debe conocer bien esa emoción; ¿cuáles son las conductas que la hacen aflorar?, ¿qué actitudes la

promueven y qué beneficios suponen para el conjunto?, etc.

2. El equipo creativo deberá diseñar la campaña para darla a conocer a través de carteles, canciones, camisetas... Cuando todos los equipos hayan presentado su campaña al resto del grupo, cada niño se adherirá a la campaña que más le ha convencido, firmando el correspondiente contrato con el firme compromiso de promover esa emoción en todo momento durante el mes siguiente.

## 2.6. Dianalizémonos ( )

Material: disco de madera o cartón, cartulina pequeña, fotografía del niño (opcional).

En primer lugar, elaborad una diana cortando un disco de madera o cartón, y trazando en él cinco círculos concéntricos de igual anchura. Marcar cada una de las áreas con las cifras 20, 40, 60, 80 y 100, siendo el 100 el círculo central de la diana. Cada niño tendrá una cartulina con su nombre, un dibujo de sí mismo o una fotografía que pueda pegar en la diana.

Antes de empezar, debemos dedicar unos minutos a que el niño pueda conectar con cómo se siente en ese momento para que el juego sea útil y profundo. Para ello, previamente se puede guiar al grupo a realizar alguna visualización o viaje imaginario que facilitará que cada miembro conecte consigo mismo para poder identificar, posteriormente, cómo se siente. (En la bibliografía recomendada, hay algunos libros en los que puedes encontrar literatura sobre visualizaciones, para que puedas elegir la que mejor se adapta al grupo y al momento).

Una vez hecho esto, definiremos el ítem a trabajar, ya sea una emoción o una situación concreta vivida por el grupo, respecto a la cual, uno tras otro compartirán su estado de ánimo. Cada niño se adjudicará una puntuación y pegará su tarjeta en la diana, bajo la consigna de que una puntuación de 100 corresponde a un estado de ánimo excelente.

Finalmente, el grupo observa la diana e intenta entender qué sucede para que algunos de los miembros se sientan muy bien y otros no tanto. Cuando el grupo está entrenado, tanto en la identificación de las propias emociones como en la propia dinámica, resulta una buena manera de empezar el día que no conlleva demasiado tiempo y sí aporta, en cambio, muchos beneficios.

## 2.7. Seamos emoción ( )

Material: sala amplia.

El cuerpo encarna todas y cada una de nuestras emociones, es en él donde la experiencia emocional transita y toma forma. De hecho, si nos sentimos de un modo, pero "obligamos" a nuestro cuerpo a tomar la posición corporal o la expresión facial que encarnaría otra emoción durante el tiempo suficiente, nos cuesta mucho sostenernos en la primera. Por ejemplo, si nos sentimos tristes, pero nos obligamos a sonreír ininterrumpidamente durante unos minutos, cada vez se nos hace más difícil mantenernos en la tristeza.

El cuerpo es poderoso. Recuerdo una niña de 5 años que, tras proponerle esta dinámica, me explicó que ella, siempre que veía a sus padres o amigos enfadados, les tocaba la frente y les decía «¡alisa!» para conseguir que salieran del enfado. Y *siempre* lo conseguía.

Este es un pequeño ejercicio y una rica vivencia que puedes proponer al niño con AACC en momentos en que desee salir de una determinada emoción, o estado de ánimo, y no lo consiga.

Para trabajar las emociones a través del cuerpo, todos los miembros del grupo caminan libremente por el espacio. La persona que dirige la actividad va nombrando diferentes emociones (alegría, tristeza, odio, frustración, etc.) y todos los miembros del grupo, cada uno independientemente, pero al mismo tiempo, la debe poner en juego a través de su cuerpo. A continuación, corporalmente, deben transformarla en la que consideran opuesta a la primera.

Te recomiendo que, con niños más pequeños, en primer lugar propongas representar determinados oficios o animales para facilitar que entren en la dinámica.

## 3. REFLEXIONES SOBRE TEMAS EMOCIONALMENTE ESENCIALES

Para terminar esta sección, quiero abordar tres temas relacionados con la sensibilidad sobre los que no propongo tanto un juego o dinámica, sino más bien –debido a la huella que imprimen en el sentir del niño con AACC– una propuesta de posicionamiento o actitud que, si es previamente elaborada por el adulto, puede permitir aproximarse al tema de forma más efectiva y satisfactoria en el momento en que nos lo encontremos sobre la mesa.

### 3.1. ¿De dónde viene este chaparrón? ( y )

Los desbordamientos emocionales, que pueden tomar forma de llanto, de rabia o de pataleta, son propios de los niños con AACC. Debemos entender que gestionar tantas percepciones, tanta sensibilidad y tanta comprensión en todo momento no es tarea fácil, especialmente a edades tempranas.

Cuando el niño con AACC se siente desbordado, ignorarlo nunca será la solución; eso le transmite una gran sensación de soledad, le hace sentir que nadie puede acompañarlo ante la gran marea que le invade y que no consigue gestionar por sí mismo, sentimiento que le lleva a reprimir su emocionalidad, para que el adulto no se enfade con él, y a culpabilizarse por sentir de una determinada manera. Queda invalidado, entonces, en su manera de sentir o percibir.

Pienso que es mejor que comprendamos que el niño con AACC tiene verdaderas dificultades para canalizar todo lo que siente, por el exceso que supone, y, por lo tanto, los adultos que le rodeamos desde esa comprensión cumplimos una función reguladora en el manejo de sus emociones en esos momentos.

Lo primero es mantener la tranquilidad, es decir, no asustarnos más de lo que lo está él mismo. Luego, si el niño permite contacto físico, como un abrazo, os recomiendo que se lo deis. Y desde la proximidad física, abrazándolo si os lo permite o permaneciendo simplemente a su lado, resulta útil que, con pocas palabras, vayamos narrando lo que vemos, es decir, que vayamos poniendo nombre a la emoción. Insisto, con pocas palabras, debemos transmitirle que vemos que está enfadado, o triste, etc., que entendemos que se sienta así y que es válido sentirse de ese modo ante esa situación.

Una vez ya esté más tranquilo, recomiendo que, si la emoción se expresó, por ejemplo, dando un golpe, le podáis expresar que eso sucedió porque no contaba con mejores herramientas para expresarla de otro modo, y que entre los dos paséis a buscar formas alternativas de expresar esa emoción la próxima vez que se sienta así.

## 3.2. ¿Por qué soy diferente? ( )

Las AACC son un conjunto de características combinadas de forma compleja que abrazan diversos aspectos de la personalidad, así como de la manera de afrontar y estar en la vida. Sobre estas características, no lo olvidemos, han circulado numerosos mitos y creencias preconcebidas que en nada responden a lo que son realmente las AACC. De ahí la dificultad que supone explicárselo a tu hijo.

Por este motivo, siento que es importante que esas particularidades que explican una parte importante de cómo es ese niño o adolescente, pero no todo, queden bien incorporadas en la mirada que él tiene sobre sí mismo. Es decir, dar un lugar correcto y ajustado a las AACC en su propio autoconcepto y, al mismo tiempo, en su autoestima.

La primera decisión que debéis tomar como padres es cuándo hablar con vuestro hijo de este rasgo que le es propio y que, a menudo, también comparte con otros miembros de su familia. Sin duda, el momento más adecuado será cuando él pregunte sobre ello, ya que, cuando pregunta, sabemos con certeza que está preparado para recibir la respuesta que le deis. Una respuesta que deberá ser lo más ajustada posible a su pregunta, pues, si nos extendemos mucho más allá de aquello sobre lo que nos interpela, corremos el riesgo de entrar en un territorio que ni él mismo se había planteado.

También es importante tener en cuenta que, ante una pregunta clara, debemos darle una respuesta clara. Es decir, ante la pregunta «¿tengo altas capacidades?», una respuesta clara supone un «sí», pero un "sí" que debe estar acompañado de la correspondiente explicación sobre que significa tener AACC.

Esta respuesta dependerá en gran medida de la edad del niño, pero siempre deberá dar un tono positivo a lo que implica el rasgo de las AACC; se debe huir de profecías catastrofistas o de temores que anticipen que las AACC suponen un camino tortuoso, ya que eso no tiene por qué ser cierto si no se dan algunos aspectos que ya hemos comentado en la primera parte del libro, y que hagan que estas AACC no consigan desarrollarse como necesita el niño.

Para ayudarle a entender qué significa tener AACC, podemos jugar con él a buscar características que le sean "muy" propias, viendo si todos los que le rodeáis estáis de acuerdo en ello y valorando en qué grado es posible que tengan que ver con esas AACC. Si os cuesta generar este listado, se le puede proponer al niño que se convierta en un entrevistador; es decir, que elija a las cinco personas que crea que le conocen más, y que las interrogue sobre cuáles son los cinco rasgos que más le definen según su opinión.

Incluso podemos ampliar la mirada y buscar personas de la familia a las que se parece para, a continuación, jugar con él a buscar características que comparten esos miembros de la familia y que los convierten en un grupo.

Una vez hayáis reunido con él las suficientes características, es necesario seleccionar solamente tres, las tres en las que ambos estéis de acuerdo que son las más importantes, las más definitorias, las que estarían en el núcleo de su esencia. Es importante realizar esta selección, ya que, si no lo hacemos, lo más probable es que el niño no consiga obtener una respuesta clara y concisa a su pregunta.

A continuación, mirándoos a los ojos para facilitar que tome conciencia de lo que expresa su propia voz, el niño repetirá las tres características que le son propias, siguiendo el formato «yo soy...»; incluso, se le puede proponer que juegue con variaciones de volumen, repeticiones, posibles inflexiones de la voz.

Y aquí os propongo que, como familia, generéis vuestra propia metáfora que aglutine estas tres características asociadas a sus AACC y que le impulsan hacia la vida, para que, a través de la metáfora, las AACC encuentren unos simbolismos en su personalidad o en su auto concepto.

Conforme el niño vaya creciendo, en diversos momentos irá apareciendo esta pregunta, una y otra vez; será entonces el momento de recoger esas tres características y la metáfora que las aglutina para poder ir enriqueciendo cada vez más la respuesta. Recordemos que, siempre, bajo el ritmo que nos van a imprimir sus propias preguntas.

En relación con esta dinámica, también es importante destinar un tiempo a trabajar en el aula el tema de las AACC de un alumno cuando el niño con AACC promociona de curso o realiza alguna actividad de enriquecimiento que le diferencia del resto de sus compañeros, puesto que es necesario compartir con el grupo el motivo de estas intervenciones escolares, para que tanto el grupo como el propio niño puedan sentirse tranquilos y entendidos. Para ello, recomiendo abrir un tiempo para que el grupo pueda hablar de la diversidad y, en este marco, abordar qué significa que uno de sus compañeros esté dotado con AACC. Es importante darle voz al niño para que él mismo pueda explicar a sus compañeros por qué necesita este tipo de intervenciones y que, de este modo, estas queden legitimadas a su propia mirada y a la del grupo.

## 3.3. La muerte, entre el miedo y la fascinación ( )

Sin duda, la muerte es un tema que atrapa la mente y el sentir de los niños con AACC a edades más tempranas de lo que evolutivamente se considera normal en los o los demás niños. Siento que necesitaría un libro entero para poder abordar en profundidad, y como requiere ser tratada, la muerte en los niños con AACC y, por ello, en las pocas líneas que encontrarás a continuación, tan solo persigo el objetivo de dar algunas ideas o herramientas para poder elaborar una explicación que buscará, a través de sus propias preguntas y de una mayor profundidad.

El niño con AACC, en diferentes momentos de su desarrollo, conectará de manera emocional con la muerte, a través del miedo al imaginar, de forma muy vívida, su propia muerte o la de algún ser querido; en otros momentos, se acercará al tema de la muerte de forma más cognitiva, a través de determinadas preguntas como, por ejemplo, si todos los seres vivos mueren, si es posible volver a la vida después de morir, por qué morimos, o si la muerte supone un final o un punto y aparte. A menudo, este tema también es difícil y complejo para los adultos y, por lo tanto, se nos hace terriblemente abrumador y desconcertante elaborar una respuesta o acompañar en la angustia. En la bibliografía recomendada encontraréis algunas lecturas para ayudar a los adultos a entender los procesos de duelo en el niño.

Existen numerosos recursos que nos pueden resultar útiles para acompañar al niño con AACC en su búsqueda como, por ejemplo, el uso de cuentos, la representación de estos con marionetas, ver películas adecuadas para la edad que traten el tema y que nos permitan reflexionar posteriormente, investigar diversos ciclos de vida-muerte que se dan en la naturaleza o compartir mitos entorno a la muerte.

Encontrar materiales de este tipo nos facilitará el acompañamiento del niño con AACC en sus reflexiones y sus miedos. Marge Heegaard, por ejemplo, ha escrito una serie de libros muy útiles para tratar el tema de la muerte y la enfermedad para niños de 6 a 12 años. También películas como *Bambi*, *La Edad del Hielo*, *El Club de los Poetas Muertos*, *Philadelphia* o *Mar adentro* pueden ser adecuadas a diferentes edades.

Las marionetas son increíblemente versátiles y facilitan la expresión en el niño que es tímido o tiene dificultades para comunicarse en torno a este tema. Es entonces cuando la marioneta puede ser un medio, ya que, a través de ella, el niño se puede permitir hacer preguntas, ser curioso o incluso descarado, facilitando así que hable de la enfermedad grave o de la muerte de su ser querido. Invertir un tiempo para crear su propia marioneta también resulta interesante, pues, de ese modo, establece un vínculo con ella que tendrá un efecto positivo en su labor de facilitadora de la comunicación.

El principal objetivo sería poder descubrir y vivir el hecho de la muerte como una parte integrante de la vida, sobre la cual es sano pensar y hablar. A través de algún recurso sobre una vivencia íntima del tema de la muerte, se puede generar un clima de comunicación existencial respecto al grupo o la familia y trabajar el fallecimiento de algún ser querido. A continuación, os planteo una actividad para abordar este último objetivo.

En niños con AACC que necesitan elaborar un duelo, yo suelo trabajar a través de asociaciones con colores. Su elevada sensibilidad a menudo encuentra una salida a través de los colores, ya que los sentidos son de gran ayuda en la evocación de recuerdos, es decir, los sentidos pueden conectarnos rápidamente con recuerdos de los que solo se logra hablar a medias a través de las palabras.

Para iniciar el trabajo de duelo, podemos animar al niño a usar la canción preferida de la persona fallecida, o su perfume, o el tacto de la chaqueta que solía llevar o comer el plato que más le gustaba para evocar recuerdos. Entonces es el momento de acompañarlo en esta evocación de recuerdos importantes ligados a esa persona fallecida para, a continuación, pedirle que piense en un color asociado con cada recuerdo.

Mientras el niño habla de las vivencias que ha podido rememorar, se le anima a que pinte en un papel manchas de esos colores con pinturas de cera y, al terminar, cubrimos toda la hoja con cera de color negro. Finalmente, la actividad concluye dibujando lo que le surja al niño, rayando con un clip o un punzón sobre la superficie negra, y analizando los recuerdos de los colores que van apareciendo debajo del negro. Esa es una producción que finalmente aglutina un gran número de recuerdos y es un lugar al que volver cuando el niño lo necesite.

## 3.4. Los mitos

Una forma amable de afrontar estos temas, relativamente sencilla de manejar y que, a su vez, les fascina y les atrapa, es recurrir a los mitos clásicos. Ya sea a través de Internet o con la ayuda de un diccionario de mitología, podemos encontrar infinidad de mitos que, a través del cuento, nos proponen un enfoque a temas humanos y existenciales; desde la distancia de los hechos narrados, podremos hablar sobre temas que en primera persona pueden resultar más dolorosos, a la vez que ampliamos, juntos, nuestra cultura humanística.

Los niños con AACC suelen quedarse fascinados y atrapados cuando descubren los mitos clásicos, y en ellos podemos encontrar una manera de trabajar y ayudarles a elaborar determinados aspectos.

## Capítulo Dos

## Frustración

Para que el niño con AACC aprenda a aceptar los fracasos y los contratiempos necesita sentir, tanto por parte de su familia como desde la escuela, que los demás le aceptan y le apoyan tal y como es. Es decir, no podrá aceptarse a sí mismo y, por lo tanto, tolerar las críticas o las equivocaciones o las frustraciones, si sus referentes adultos no confían en él.

Este es el primer paso necesario e imprescindible para, posteriormente, poder acompañar al niño con AACC a explorar la frustración y a encontrar una salida a esta.

La madre de Juan (8 años) me decía:

«Y un día empezamos a poner sobre la mesa sus propios miedos y los míos, en un intento por combatirlos, para dar valor al error como un trampolín para los nuevos aprendizajes, aceptándolo como una parte inevitable de vivir, preguntándonos qué es el error y quién lo decide, reconociendo errores y frustraciones entre los adultos en el día a día.

Hablamos durante días y más días sobre todo ello. Hasta que, finalmente, decidimos pegar un cartel sobre el wc de casa con una frase de Einstein que decía: «La única manera de no cometer errores es NO intentar hacer cosas nuevas». Y así, desde casa, intentamos compartir nuestros fracasos o nuestros errores en juegos, en ejercicios y en experiencias cotidianas para ir aprendiendo a tolerarlos, para ir aprendiendo a frustrarnos... y, especialmente, aprendemos a no pasar por estas emociones tan desgarradoras solos.

Tras todo esto, mi hijo sigue combatiendo la frustración con el miedo, con el bloqueo, evadiéndose mediante el desinterés, en definitiva "no haciendo", y pienso que también debe ser frustrante y debe combatir de modo similar el aburrimiento. Así que también ponemos esto en el orden del día. Porque las cosas son como son, pero la mirada hacia las cosas las transforma, y compartiendo, podemos cambiar la mirada y hacer que las cosas sean mejores, más fáciles, o incluso buenas. Aunque compartir no siempre es una opción fácil».

A continuación, encontraréis dinámicas y juegos que persiguen como objetivo fomentar comportamientos más adecuados para que el niño pueda resolver este tipo de conflictos de un modo más constructivo en el futuro, ya que minimizar estas experiencias solo le conduce a un gran sentimiento de soledad.

## 1. Dinámicas y juegos para tolerar la frustración

### 1.1. La caja de las soluciones ( y )

Material: caja de cartón, papel y lápiz.

A lo largo de los días, cada miembro del grupo o de la familia, va introduciendo en una caja pequeños papeles o notas donde habrá escrito un problema o preocupación que siente, haciendo constar en él su nombre para que, posteriormente, le sea posible recuperarlo. Cuando el volumen es suficiente, todos los miembros abrirán juntos la caja, cada uno elegirá un papel y escribirá por la otra cara la solución que se le ocurra al problema que se describe.

Cuando todos los papeles tengan su respuesta, cada persona recuperará aquellos que escribió, los leerá en voz alta y compartirá con el grupo la solución que se le propone. Si el grupo tiene otras soluciones, también las compartirá. Las nuevas ideas que sugieren los otros ayudan al niño con AACC a ampliar sus opciones para ocasiones posteriores en las que deba confrontarse con la resolución de un problema que le genere frustración y desasosiego.

### 1.2. Para el viaje: un buen equipaje ( y )

Material: cartulina, *post-it*, cámara fotográfica y material de dibujo.

Para preparar bien nuestro equipaje, ya sea para un viaje o para la vida misma, es importante poder diferenciar aquello que nos es útil y nos ayuda de aquello que no sirve para nada y que supone un peso innecesario.

Cada niño dibujará en una cartulina una maleta o una mochila y, a continuación, pegará en ella las principales características y valores que le acompañan allí adonde va, escribiendo cada una de ellas en un *post-it*.

A veces, es necesario agrupar diferentes valores expresados por el niño en alguna característica que todos ellos comparten para que su "mochila" le aclare qué aspectos debe trabajar. Esto puede simbolizarse agrupando diversos *post-its* en un mismo neceser o bolsita dentro de la mochila. Este ejercicio de agrupación permite sintetizar características dispersas en aspectos concretos y facilita el poder trabajarlas.

Por ejemplo, en niños con AACC, suele aparecer la incapacidad para aceptar equivocarse, la impotencia por no ser competente en la realización de actividades fáciles, el malestar al perder en algún juego o la angustia por no poder realizar algo tal y como lo había imaginado en su mente. Todos estos aspectos podrían quedar recogidos en un mismo neceser o bolsita que aglutinaría su baja tolerancia a determinadas frustraciones.

A continuación, se da tiempo para la reflexión personal acerca de qué cosas siente básicas e imprescindibles en su equipaje y qué cosas, en cambio, piensa que son totalmente innecesarias, o más bien, suponen un impedimento para viajar confortablemente. Finalmente, se abre un tiempo para compartir la experiencia en grupo.

Resulta interesante que cada niño fotografíe su maleta y, a continuación, la cuelgue en un lugar que le resulte visible a diario, ya sea en casa o en la escuela para, de este modo, facilitar la toma de consciencia y abrir la posibilidad de añadir o quitar *post-its* en función de posibles cambios en el equipaje. Pasados unos meses, resulta interesante reflexionar sobre el cambio de elementos que contiene la maleta comparando la del momento actual con la fotografiada al inicio del proceso.

## 1.3. Te digo "no" ( )

Materiales: cinco juguetes o muñecos de tamaño mediano.

Aceptar un "no" por parte del otro genera de manera casi automática que emerja el sentimiento de frustración. En ambas direcciones, es decir, o bien sostener emocionalmente el "no" del otro, o bien, poder expresar un "no" ante una demanda del otro, son aspectos esenciales para que la interacción sea sana y respetuosa con los demás y con uno mismo.

Para trabajarlo, todo el grupo se sienta en círculo y un miembro se coloca en el centro. Los cinco miembros que forman parte del círculo tienen, cada uno de ellos, un juguete en sus manos. Todos los niños deben entender que cada uno de esos juguetes es algo muy deseado por todo el grupo, algo que todos desearían tener. Uno a uno, los que tienen un juguete entre sus manos, se dirigen al miembro que está en el centro del círculo y, utilizando todo su poder de persuasión y todas las estrategias que puedan imaginar, deben intentar convencerle de que se quede el juguete.

El miembro que está en el centro deberá decir que "no" quiere ese juguete ante cada una de las maniobras que su interlocutor realice. También podrá acompañar su negativa de gestos o de lo que considere necesario para que esta surja efecto. Finalmente, tendrá lugar un intercambio verbal de experiencias en el grupo sobre la dificultad de confrontar al otro con un "no": cuán difícil puede ser sostener los propios deseos, cuán frustrante es no conseguirlo, cómo evidenciar la multitud de manipulaciones o giros persuasorios que somos capaces de realizar, etc.

Con niños mayores se puede realizar la siguiente dinámica en parejas. Un miembro de la pareja tiene algo que el otro desea conseguir (por ejemplo, una golosina), y el segundo debe persuadirlo para obtenerlo ante las negativas del primero.

## 1.4. Mis fronteras, mis límites ( )

Material: revistas ilustradas y/o cámara de fotografiar.

Primero debemos recoger imágenes de fronteras naturales, como un río, y arbitrarias, como una valla; fronteras fijas, como una roca, y variables, como una cinta que prohíbe el paso. Para recoger estas imágenes, podéis recortarlas de una revista o podéis salir con una cámara a buscarlas por los alrededores de donde vivís.

Una vez recogidas todas las imágenes, el niño deberá asociar una imagen a alguno de los límites no deseados que él mismo se impone con respeto a una situación. Después, tendrá que elegir otra imagen entre las diferentes fronteras que ha recogido, que le indique la dirección hacia dónde quiere que se transforme esa propia limitación. Finalmente, pegará ambas imágenes en alguna pared o lugar que le permita ver la composición con frecuencia.

Cuando sienta que ese límite que se ponía a sí mismo ha variado, puede volver a hacer el ejercicio con otra situación que le genere frustración por lo que tiene de limitante.

## 1.5. Soy este volcán en erupción ( )

Material: material de dibujo.

Los niños que están frustrados, enfadados o furiosos, necesitan tener la oportunidad de descargar su rabia. Por eso, es importante que, como familia, acordéis cuál es el modo de poder descargar esa rabia para evitar que esta genere conflictos entre hermanos o conductas inapropiadas que, a menudo, tienen que ver, en realidad, con la imposibilidad de descargarla. Algunas opciones para conseguirlo, consensuándolo previamente, podrían ser, por ejemplo, dar golpes con una cuchara a una lata vacía, arrugar o romper un periódico, etc. Solamente después de buscar esa salida corporal a la rabia, el niño se sentirá en disposición de poder elaborar qué le ha pasado y cómo puede afrontarlo de forma diferente. Una manera de acompañarlo en este ejercicio es proponerle que dibuje un volcán en erupción. En su interior, deberá escribir qué le ha provocado la frustración que le ha desbordado y, en torno a todos los gases y materia que expulsa el volcán, deberá escribir los sentimientos que han aparecido en esa situación. Luego, podemos ayudarle a identificar señales que le permitan predecir cuándo va a entrar en erupción ese volcán.

La imagen de este volcán, y de todo lo que haya nombrado en ella, será un lugar simbólico al que volver, desde la tranquilidad, la siguiente vez que se confronte con una situación que le provoca tal frustración. A los niños con AACC, contar con este tipo de imágenes que engloban toda una explicación verbal a lo que les sucede les resulta de gran ayuda.

## 1.6. Del deseo a la acción ( )

Material: cartulina, *post-its* y material de dibujo.

En algunas ocasiones, la frustración viene generada por expectativas poco ajustadas a la realidad. Por lo tanto, el reto y el acompañamiento pasan por ayudarle a traducir los deseos en acciones, desmenuzando los pasos del proceso que le pueden permitir alcanzar ese objetivo.

Para ello, en primer lugar, debe marcarse un objetivo concreto, realista y alcanzable. Pienso que resulta útil que el propio niño o adolescente formule este objetivo pidiéndole que lo sintetice en una frase del modo más concreto posible. Una vez hecho esto, puede pedir *feedback* al adulto que sienta más competente en el ámbito al que pertenece su objetivo.

A continuación, la propuesta será que descomponga al máximo los pasos necesarios para conseguirlo, de modo que pueda tener claridad sobre la secuencia de pasos a seguir y el orden temporal que deben mantener.

Finalmente, os recomiendo plasmar el objetivo y el proceso de un modo visual. Una forma de hacerlo es colgar, en un lugar visible de la casa, una cartulina donde hayamos escrito, a modo de título, el objetivo que persigue; seguidamente, escribiremos cada uno de los pasos del proceso en un *post-it* diferente y los pegaremos en la cartulina. De este modo, el objetivo y el proceso para conseguirlo tienen una forma de visualización clara. Con la consecución de cada paso del proceso, el *post-it* que lo nombra podrá ser retirado visualizando el acercamiento al objetivo.

Al niño con AACC este orden y sistematización de los procesos a menudo no le resulta obvio, ni mucho menos espontáneo. Por lo tanto, la técnica para marcarse objetivos requiere de un entrenamiento previo que, con el tiempo y la práctica, se irá automatizando y neutralizará en gran medida el caos vital en el que a veces se encuentra sumergido.

## 1.7. Yo quiero, yo puedo ( )

Material: palo, cuerdas, cartulina y material de dibujo.

El mayor fracaso posible *no* es *no conseguir aquello que nos proponemos;* el mayor fracaso posible es, sin ninguna duda, *no intentarlo.* Pero eso es algo que el niño con AACC, o bien desconoce o bien, en el mejor de los casos, puede llegar a entender racionalmente, pero sin ser capaz de integrarlo y aplicarlo en su vida. Así, vemos repetidamente cómo evita realizar actividades sobre las cuales no tiene la certeza de una consecución exitosa.

Siempre me resulta una buena introducción al juego que os propondré a continuación el cuento de aquel elefante que no intenta escapar de la cuerda que lo mantiene atado a una pequeña estaca porque de pequeño lo intentó y, debido a su reducido tamaño, no lo consiguió. Después de aquel fracaso inicial, nunca más se planteó la posibilidad de intentarlo de nuevo. Y ahí sigue, a día de hoy, aquel mastodonte preso de una ridícula estaca y a la parálisis del absurdo mantra «si una vez no pude, nunca lo conseguiré». En el reino animal, encontramos buenas imágenes para ilustrar el poder de las estacas como, por ejemplo, aquellos peces que vivieron en una pequeña pecera y, al ser trasladados a un recipiente mayor, continuaban ocupando solamente el pequeño espacio que abarcaba su antigua pecera.

Es el momento, pues, de ayudarle a detectar cuáles son sus estacas, cuáles son aquellas cosas, aquellas limitaciones que le hacen sentirse atado. Para facilitarlo, podemos representar la situación clavando en el suelo un palo que simbolizará la estaca y, a él le ataremos diversas cuerdas, que a su vez, fijaremos en el suelo. Cada una de las cuerdas encarnará un aspecto concreto en el que el niño no avanza, a pesar de ser perfectamente capaz de hacerlo y lo simbolizaremos de alguna manera como, por ejemplo, pegando un cartel a la cuerda con una palabra, un dibujo o una imagen.

Esta será la representación de la estructura de sus limitaciones, con el palo/estaca simbolizando la parálisis que se quiere vencer (por ejemplo, el miedo a equivocarse) y un número determinado de cuerdas o hilos que son las limitaciones autoimpuestas (por ejemplo, fallar a las expectativas que los otros tienen sobre él o no estar a la altura de sus propias expectativas).

A medida que vaya venciendo estas limitaciones paralizantes, el ritual consistirá en ir cortando esas cuerdas.

# Capítulo Tres

# Pertenencia

Si observamos a un grupo de niños jugando espontáneamente durante un rato, podemos distinguir con facilidad quien dirige el grupo, quien prefiere no unirse al juego, quien boicotea el juego molestando, quien cuida de aquel que se ha caído, etc. Resulta obvio que algunos de estos papeles conllevan mayor satisfacción que otros.

Para conseguir que todos los niños se sientan parte del grupo, primero deben encontrar un lugar en él; para ello, es fundamental que se sientan aceptados e integrados. Este es el objetivo que persiguen las siguientes propuestas.

Me gustaría que vieras que estos son juegos relacionales, pero no solamente juegos. En las diferentes propuestas, el niño tiene la posibilidad de exhibir algunos de los modos característicos mediante los que se relaciona, su modo de comportarse cuando quiere algo o cuando alguien quiere algo de él. Por lo tanto, estas actividades ponen en juego su patrón relacional y hacen posible que el niño aumente su grado de consciencia sobre ese patrón y pueda hacer cambios significativos que lo aproximen a relacionarse de modo más congruente con sus necesidades y deseos relacionales.

## 1. Dinámicas y juegos para mostrarse en grupo

Una proporción importante de niños con AACC se sitúa de forma muy periférica en los grupos, sintiéndose restringidos a nivel relacional y, a la vez, profundamente insatisfechos por ello.

Este apartado incluye algunas dinámicas que favorecen que el niño pueda mostrarse al grupo haciéndose, de algún modo, *visible* ante los demás.

### 1.1. Mi silueta bajo tu mirada ( o )

Material: espejo grande, papel suficientemente grande para dibujar su silueta y material de dibujo.

Cada niño se contemplará en el espejo de arriba a abajo. Dispondremos de un papel suficientemente grande como para que el niño pueda tumbarse sobre él y que un compañero resiga su silueta. A continuación, cada uno personalizará su silueta dibujando sobre ella y dando una representación gráfica a todo aquello que sienta que le caracteriza, ya sean rasgos físicos, aficiones, cosas que hace muy bien o plasmando en él rasgos personales/emocionales. Para representar estos rasgos, el niño puede utilizar tanto dibujos (por ejemplo, dibujar un globo terráqueo porque le apasiona todo aquello referente a la geografía) como palabras escritas (por ejemplo, al estilo de los cómics, escribir una frase que denote su gran sensibilidad hacia el sufrimiento de los demás).

Todos los miembros del grupo observarán la silueta de cada niño y, pidiendo previamente permiso al protagonista, incorporarán rasgos que son característicos de él, según los diferentes miembros del grupo, y que no han sido recogidos por el niño.

Con niños mayores, se puede continuar la dinámica, proponiendo que cada niño, con su cuerpo, represente una escultura de sí mismo que encarne todos esos rasgos recogidos en la silueta dibujada. A continuación, cada uno de los miembros del grupo copia su escultura con su propio cuerpo, –de manera individual pero todos a la vez– y después, uno a uno, pronuncia una palabra que corresponda a cómo se siente siendo esa estatua. El niño, recogiendo el impacto que deja en él ver tantas esculturas de sí mismo y las palabras que las acompañan, pensará y compartirá con el grupo un cambio mínimo de la posición que suponga un incremento en su bienestar como escultura.

## 1.2. Te escucho, te reconozco ( )

Material: ninguno.

El grupo de niños se sienta en círculo en el suelo y uno de ellos cierra los ojos. Señalándolos en silencio, se designa a cuatro miembros que inician una conversación. El que tiene los ojos cerrados los escuchará atentamente hasta que crea saber de quién se trata. En ese momento lo dirá y, abriendo los ojos, comprobará si ha acertado o no.

Con niños mayores se puede hacer más complejo, proponiendo que los cuatro escogidos pronuncien la misma frase a la vez o canten una canción juntos.

A través de esta dinámica, se amplía la consciencia que tiene el propio grupo sobre el hecho de serlo y, a la vez, cada miembro se diferencia por unos rasgos distintivos en su voz como una parte de la globalidad. Para niños con AACC, poder vivir la pertenencia al grupo y su diferenciación, como un hecho complementario y no excluyente, es necesario.

## 1.3. ¿Nos parecemos? ( )

Material: ninguno.

El grupo forma un círculo y aquellos que comparten alguna característica física o afición, que irá indicando el adulto –como por ejemplo, "Tengo los ojos azules", "Llevo una camiseta azul" o "Me gusta la música clásica"–, se moverán hasta el centro del círculo. Entonces, los niños se observan con detenimiento para ver si alguien ha cometido algún error.

La siguiente propuesta será agruparse en función de sus características emocionales o sociales, como por ejemplo "Tengo en cuenta a los demás", "Soy sociable", "Soy divertido" o "Soy inteligente". De ahí surgirán interesantes debates sobre los rasgos que cada uno se atribuye a sí mismo y sobre la imagen que tiene el grupo de cada uno de sus miembros, facilitando que el niño con AACC sienta que pertenece al grupo por rasgos que comparte con este, desenfocando así, un poco, los rasgos que le pueden distanciar de él.

## 2. DINÁMICAS Y JUEGOS PARA LA RESOLUCIÓN DE CONFLICTOS

A continuación, encontraréis dos dinámicas que facilitan que el niño con AACC salga de posiciones muy polarizadas entorno a un conflicto, permitiéndole así mostrarse más flexible, tanto en su posicionamiento como en sus conductas posteriores.

### 2.1. Enfrentados (  )

Material: tres sillas y material de dibujo.

A veces surgen conflictos entre dos niños y ellos no dan por sí mismos, con la manera de solucionar sus diferencias. El niño con AACC, como hemos visto en la primera parte del libro, a veces, sufre de poca empatía, de una elevada suspicacia respecto a las verdaderas intenciones del otro, de rigidez en el momento de moldear su conducta ante las necesidades de un compañero y de otros tantos rasgos que dificultan su relación con los demás. Por lo tanto, su gestión de los conflictos, respecto a los otros niños, suele provocarle un elevado malestar por la incomprensión que siente sobre ese conflicto. Y eso a su vez, lo bloquea en su resolución, anclándole en actitudes y posicionamientos terriblemente estáticos que no ayudan a diluir y solucionar dicho conflicto.

En esos momentos, puede servir de ayuda colocar tres sillas juntas, bien en medio del grupo de compañeros o bien en un lugar privado, según se considere más adecuado en cada situación. En la silla del medio se sentará un compañero en el rol de árbitro y en las otras dos sillas los niños que están enfrentados.

Después, durante un minuto, en el que no puede ser interrumpido, cada uno de ellos expondrá sus argumentos para, seguidamente y con la ayuda del árbitro, llegar a un acuerdo. Ese acuerdo quedará plasmado en un *contrato* que recogerá el compromiso de cada uno de los niños. Al cabo de una semana, se revisará si están cumpliendo con los compromisos.

Si con la ayuda del árbitro no consiguen llegar a un acuerdo y a unos compromisos, el grupo o el adulto –según, si el conflicto se está resolviendo de modo público o privado- les ayudará. Si el conflicto se está elaborando ante el resto del grupo, un miembro de este dará una idea, por ejemplo, “Para resolver el conflicto debo escuchar al otro...”, el siguiente repetirá lo dicho y añadirá algo más “... y no pegarle...”. Sucesivamente, todos repetirán la frase que se está construyendo, añadiendo algo que para ellos sea importante, hasta que aparezcan los aspectos claves para resolver el conflicto.

Esta dinámica facilita que el niño con AACC aumente su comprensión del conflicto, es decir, que entienda en detalle, que ha molestado al otro, y que pueda expresar que le ha molestado a él, sin que nada se dé por supuesto para a continuación dar ideas de resolución del conflicto. Estos son los dos aspectos que normalmente le bloquean, y a través de esta dinámica podemos darle luz sobre lo relacional.

## 2.2. Estoy en el sí, estoy en el no ( )

Material: dos cartulinas y material de dibujo.

Esta dinámica va dirigida a trabajar los diferentes posicionamientos que pueden darse entorno a un tema y cómo cada uno puede tener sus propias ideas sin que esto sea motivo de enfrentamiento. El niño con AACC puede ser poco tolerante con actitudes o posicionamientos que no coinciden con el suyo, especialmente si estos trasgreden lo que para él es justo o injusto. En esos momentos, suele intentar convencer al otro a toda costa y si no lo consigue, se desborda emocionalmente. A través de esta dinámica podemos conseguir que pueda contemplar la diversidad y respetarla aunque no la entienda o no la comparta.

Se colocan dos carteles en dos lugares enfrentados del aula: en uno escribiremos “SÍ” y en el otro “NO”. Todos los niños se colocan en el medio del aula; el tutor pronunciará una frase del tipo: “Quiero presentar mi trabajo del proyecto a partir de una presentación en power point” y cada niño deberá dirigirse a uno de los dos carteles en función de si está de acuerdo, o no, con esa afirmación.

Se puede repetir la dinámica tantas veces como se desee cambiando la frase. Resulta ser una buena dinámica para abordar temas que provocan confrontación o malestar entre los niños de un curso como por ejemplo, "Se puede jugar a fútbol a la hora del recreo todos los días de la semana" o "Quiero disponer de más tiempo para poder acabar los exámenes".

## 3. DINÁMICAS Y JUEGOS PARA AUMENTAR LA CONFIANZA MUTUA

En ocasiones podemos observar que los niños con AACC no inician relaciones nuevas porque sienten que son inferiores, que no están a la altura de los demás, perdiendo, a través de esta mirada, tan poco valiosa hacia ellos mismos, la libertad para desarrollar relaciones nuevas o iniciar proyectos que les interesan.

### 3.1. Me gusta de ti ( y )

Material: ovillo de lana, lápiz y papel.

Todos los participantes se sientan en parejas y un miembro de la pareja sostiene un ovillo de lana pequeño entre sus manos. Este dice algo que le gusta de su pareja, por ejemplo, "Lo que me gusta de ti es que siempre tienes una idea divertida para proponernos" y le entrega el ovillo sosteniendo el extremo de la lana; seguidamente, el compañero repite la acción sosteniendo el tramo del ovillo que se ha deshecho. Así van entregándose el ovillo, hasta que lo hayan desenrollado todo. Entonces será el momento de recomponer el ovillo repasando una a una las atribuciones que se han otorgado entre los dos, haciéndose conscientes de todas ellas.

A continuación, cada niño dibujará un círculo en el centro de un folio donde escribirá "YO". Partiendo del círculo, dibujará flechas de diferentes longitudes en todas direcciones con todo lo que le dijo su compañero, poniendo más cercanas al círculo central las cualidades que él considere de más importancia.

Finalmente, una vez recogidos todos los folios, se irán leyendo en voz alta las características escritas en cada esquema y el grupo intentará averiguar de quién se trata. Para que esta última parte de la dinámica tenga éxito, es importante que los niños se conozcan bien.

El niño con AACC, a menudo, es extremadamente exigente consigo mismo y le cuesta valorarse y reconocerse en sus puntos fuertes. A través de la mirada de su compañero sobre él, podemos facilitar una valoración más positiva de sí mismo y de sus cualidades.

## 3.2. Dar y recibir afecto no verbal ( )

Material: ninguno.

Se forman grupos de seis u ocho niños y se colocan en círculo. Uno de los niños se sitúa en el centro del círculo y, en silencio, mira a cada uno de sus compañeros antes de mostrarle cómo se siente hacia él sin palabras, mostrándole esta manera de sentir por medio de algún contacto físico, sonido, acción mímica, o lo que le surja, siempre y cuando no involucre la expresión verbal. Si es pertinente se puede llegar a establecer un diálogo no verbal.

Así, uno tras otro progresivamente, todos los miembros del grupo pasan por el lugar central. A continuación, se debe dar un tiempo para compartir la experiencia y expresar lo que cada uno necesita. Esta dinámica busca facilitar la expresión emocional, aspecto en el que los niños con AACC se sienten bloqueados en relación con los demás.

## 3.3. Sillas cooperativas ( )

Material: tantas sillas como participantes en el juego,
reproductor y CD de música.

Este juego es una variación del conocido juego de las sillas. Para ello se forma un círculo de sillas con los asientos mirando hacia la parte exterior; entonces, el director del juego hará sonar la música parándola al cabo de unos segundos. Al detenerse la música cada niño debe sentarse en una silla.

Al igual que en el juego de las sillas clásico, se quita una de las sillas después de finalizar cada ronda y antes de reemprender la marcha musical. Cuando vuelve a detenerse la música el grupo debe conseguir que todos los participantes estén sentados. Nadie puede quedarse de pie. A medida que falten más sillas, será más complicado encontrar una solución entre todos. El juego finaliza cuando sea imposible que todos estén sentados en las sillas restantes; pero el gran reto es conseguir sentarse TODOS en la última silla que quede.

Con este juego podemos promover una pequeña reflexión sobre la importancia de que todos los miembros del grupo se ayuden entre sí y sobre la importancia de que ninguna persona resulte discriminada, ya que en los momentos en los que es necesaria la cooperación para llegar a un fin común, y deseado por el grupo, el niño con AACC puede tener dificultades: su propia rigidez no le deja aceptar las propuestas de los demás como válidas.

## 3.4. Entre todos, todo (  )

Material: sábana y tiza y/o cuerda.

Extendemos una sábana en medio del aula y todos los niños deben colocarse encima de ella ocupando tan solo la mitad del espacio. El reto consiste en darle la vuelta a la sabana sin que nadie se baje de ella y sin que nadie pise el suelo.

Si queremos añadir dificultad a la actividad podemos proponer que el reto debe alcanzarse en un tiempo determinado, o bien, que los miembros del grupo no pueden hablar durante la ejecución de la tarea.

Una variante que también tiene el objetivo de solucionar un reto de modo cooperativo consiste en dibujar una línea con tiza o tender una cuerda en el suelo, y dar la consigna de que esta se encuentra a miles de metros de altura. Todos se sitúan encima de ella y el reto consiste en que se ordenen, por ejemplo, por fecha de nacimiento sobre la cuerda o la línea sin hablar y, evidentemente, sin caer en el abismo.

Estas propuestas, al igual que la anterior, tienen como objetivo trabajar actitudes más flexibles en momentos en los que la cooperación con los demás es imprescindible para alcanzar el objetivo común.

# CAPÍTULO CUATRO

## MOTIVACIÓN

El niño con AACC es un explorador en esencia; es importante mantener su espíritu aventurero y su curiosidad durante todo el crecimiento. Existen rutinas y hábitos que le pueden servir para optimizar su energía y merece la pena que las aprenda y las mantenga (como, por ejemplo, una buena organización de las tareas escolares o la gestión del tiempo). Por otro lado, existen otro tipo de rutinas que en realidad solo están al servicio de cerrar caminos, suponiendo una limitación para poder mejorar, manteniéndole en una zona de confort que no le permite avanzar ni aprender (como, por ejemplo, realizar tareas escolares sin dejar espacio para la creatividad en su realización o no permitir la resolución de un problema matemático por diferentes caminos).

Paralelamente, también debemos tener en cuenta que, para que el niño con AACC pueda conectar con sus motivaciones e identificarlas, es necesario que sienta que los demás confían en sus verdaderas posibilidades. Es decir, que no se espera de él más de lo que puede conseguir, pero tampoco a la inversa, esperando menos de lo que puede alcanzar. Por lo tanto, ante un descenso de la motivación no debemos caer en el constante cuestionamiento de sus capacidades, sino en darle la oportunidad de descubrirlas, o redescubrirlas, y de explorar el mundo por sí mismo sabiendo que le sentimos capaz para ello.

Cuando un bajo rendimiento o una mala actitud hace que los adultos que rodeamos a ese niño nos sintamos recelosos o poco confiados respecto a él, todavía le será más difícil desarrollarse en sus potencialidades.

## 1. Dinámicas y juegos para promover la motivación

### 1.1. Crear un blog ( y )

Material: ordenador.

La tecnología facilita multitud de recursos que debemos aprovechar. Muchos son los niños con AACC que disfrutan escribiendo cuentos, dibujando cómics, reflexionando sobre actualidad o sobre la vida misma, elaborando pequeñas teorías sobre cómo funcionan las relaciones sociales o inventando nuevos platos de cocina.

Abrir una ventana al mundo a través de la creación de un blog donde puedan mostrarse a través de esos pensamientos o producciones que les hacen disfrutar sin duda es positivo a muchos niveles.

La construcción de un blog, tanto desde el punto de vista de la exteriorización de los propios pensamientos y reflexiones entorno a temas personales o en campos que despierten su interés, así como el reconocimiento por parte de los demás que se deriva de mostrar estos aspectos públicamente (si la temática está bien encauzada), sin duda favorecen la existencia de la motivación continuada en un proyecto que se expande y resuena positivamente en el niño o adolescente con AACC.

### 1.2. Experto en primeros auxilios (  )

Material: información sobre primeros auxilios.

Involucrar a los niños y adolescentes de forma activa en la planificación de las actividades diarias supone un revulsivo para su implicación y para su motivación. Al implicarles en decisiones cotidianas y depositar en ellos responsabilidades que tienen un impacto real en sus vidas y en las de los demás, sienten que lo que hacen de verdad importa. Una actividad que, en el marco de la escuela, considero que puede ser un primer revulsivo ante su caída actitudinal es encargarle una tarea importante, real, y que suponga, también, una mejora para todo el grupo, o para la escuela.

Por ejemplo, ser el experto en primeros auxilios goza de todas estas características y permitirá que el niño con AACC vuelva a poner la energía en algo dentro del contexto escolar, teniendo que preparar una formación en primeros auxilios para sus compañeros o para diferentes cursos. Mi experiencia avala que esa es una buena manera de volver a formar parte del aula si sentimos que el niño se ha desvinculado en alguna medida y de motivarle en lo que pasa en la escuela.

Obviamente, el campo en el que pueda ser experto puede variar y adaptarse según las características y necesidades del alumno, colegio y/o momento educativo. Algún otro ejemplo podría ser el experto en S*cratch* o el experto en materiales para el aula de acogida.

### 1.3. "Yo disfruto" ( )

Material: pelota.

Sentados en grupo, cada niño debe nombrar una actividad con la que disfrute, aquello que le apasiona, y que le hace vibrar, teniendo en cuenta que dentro del grupo no puede repetirse ninguna actividad. Todos deberán estar muy atentos a las pasiones de sus compañeros y recordarlas.

A continuación, se pasearán libremente por la habitación. El que tiene la pelota en las manos dirá en voz alta, por ejemplo «¿Dónde está el que disfruta cocinando?», el que responde a tal pasión dirá «¡Aquí estoy!» y el que tiene la pelota, la lanzará al aire. El grupo debe evitar que esta toque el suelo y entre todos la harán llegar al niño que le corresponda ya que es quien dispone de esa característica. A continuación, será este el que deberá encontrar a otro compañero a través de la actividad que más le motiva. El juego termina cuando ya hayan salido todas esas motivaciones de las que disfruta el grupo.

Este juego facilita que el niño con AACC y el resto del grupo pueda acceder a nuevas ideas y posibilidades que le motiven y que quizás hasta ese momento no había contemplado.

## 1.4. La bolsa de los deseos ( )

Material: cartulina y material de dibujo.

Cada niño coge una tarjeta y escribe un deseo que tiene y que le gustaría que, ya sea todo el grupo o un miembro de este, le satisficieran. Todas las tarjetas se meten en una bolsa y cada día se extrae una de ellas.

En primer lugar, el grupo intentará adivinar a quién pertenece ese deseo y, a continuación, el que confeccionó la tarjeta se dará a conocer, explicará al grupo los motivos de su deseo y la persona o el grupo, intentarán satisfacérselo.

De este modo, se facilita que el niño con AACC conecte con sus propias motivaciones que en momentos de aburrimiento o desidia restan ocultos.

## 1.5. Cocinar para la familia ( )

Material: libro de cocina, material de dibujo, cocina y dinero.

En esos momentos en los que tu hijo con AACC parece que perdió el motor, impulsarle a superar situaciones cotidianas puede ser un buen inicio para que germine la semilla de la motivación, así como instarlo a que asuma responsabilidades de forma independiente para que vuelva a creer en él.

Cocinar es una actividad que puede reunir todos estos requisitos. Dale una cantidad de dinero a tu hijo y encárgale la elección, compra y elaboración de una comida para toda la familia. Para ello, creo que es importante que acordéis conjuntamente cuánto dinero es necesario o suficiente, que elija el plato que va a cocinar en un libro de cocina y que confeccionéis juntos la lista de ingredientes que debe comprar, para que finalmente los compre –solo o acompañado según la edad– y se ponga manos a la obra en la cocina. Es una experiencia muy positiva para todos.

## 1.6. Mi bonsái ( )

Material: bonsái, información para su cuidado y el material necesario.

Hacerse responsable de otro ser vivo como puede ser una planta o un acuario puede volver a conectar a nuestro protagonista con una motivación.

Según mi experiencia, el cuidado de un bonsái es especialmente atractivo para los niños con AACC. El cuidado de un bonsái es un arte milenario originario de los monjes taoístas de China; se trata de una de las plantas más delicadas que existen, pues es muy sensible a los cambios y para mantenerlo hermoso hay que dedicarle tiempo. El cuidado del bonsái supone un reto en sí mismo ya que, además de su delicadeza, necesita de diferentes técnicas que hacen posible que reúna las características de tamaño y belleza que le son propias, como la poda, el pinzado y el alambrado entre otras. Por lo tanto, su cuidado también supone una fuente importante de aprendizajes que implican una gran precisión en su procedimiento.

## 1.7. El come-cocos de las motivaciones ( )

Material: material de dibujo y dado (opcional).

El niño piensa ocho actividades que lo motiven y que su realización solamente dependa de sí mismo. A continuación, dibujará un símbolo para cada motivación y lo pegará en cada solapa del clásico come-cocos que todos los niños aprenden a hacer en algún momento de su infancia. Durante 15 días, buscará un momento del día para utilizar su come-cocos y dar espacio a la motivación que salga elegida. Pasado ese tiempo, confeccionará un nuevo come-cocos con nuevas motivaciones. La misma dinámica puede hacerse con un dado, en el que cada símbolo se pega en una de las caras.

Este juego facilita de forma lúdica que el niño con AACC conecte con las actividades que le provocan placer, ya que se siente motivado a través de ellas, y pueda ser autónomo en el enriquecimiento del tiempo libre del que dispone.

## 1.8. Des-rutinizar ( )

Material: ninguno.

Dedicar un tiempo de reflexión en familia entorno a las siguientes preguntas: ¿Os gustan las repeticiones? ¿Qué cosas podéis detectar que hacéis cada día de la misma manera? ¿Qué ventajas tiene que eso sea así? ¿Cómo os hace sentir? ¿Qué nos perdemos si no nos damos la oportunidad de realizar las cosas de maneras diferentes? ¿Qué os da miedo de llevar a cabo una cosa nueva? Y cuando esta no os sale bien, ¿cómo os sentís?

A continuación, la experiencia tiene que ver con la innovación y el cambio en rutinas que sintáis que carecen de sentido. Por ejemplo, quizás podéis encontrar nuevos caminos para ir a la escuela, o nuevas maneras de despertaros por la mañana, o nuevas maneras de combinar la ropa… cada familia encontrará en qué se automatizó en exceso.

Recuerdo a una familia que, como derivada de esta propuesta que os planteo, ideó una actividad para los sábados que consistía en plantear retos a la familia. Así era como cada sábado quedaba al cargo de uno de los miembros de esa familia plantear un nuevo reto. El miembro al que se le había asignado ese sábado pensaba y preparaba secretamente el reto durante toda la semana y el resto de la familia lo esperaba con ganas. Os contaré que, cuando le tocó al hijo con AACC, ¡había elaborado para su familia una ruta en la que en un solo día cogerían 23 medios de transporte diferentes! Bici, patines, bus, metro, tren, globo... ¡Eso sí que es salir de la rutina del fin de semana!

## Agradecimientos

Es increíble ver cómo, finalmente, este libro va a ver la luz. No siempre tuve la certeza de que esto sería posible y debo agradecer a muchas personas el apoyo que me han ofrecido a muchos niveles; personas sin las cuales, os lo aseguro, no hubiera sido capaz de llevar a cabo este proyecto.

Gracias, en primer lugar, a Maria S. Dauder por preparar el fuego y empujarme con determinación a escribir el libro, recogiendo así una parte importante de lo acumulado durante toda mi trayectoria laboral trabajando con niños con AACC. Gracias también a Núria Casals por encender la cerilla a través de su apoyo, orientación y fe en que podía llevar hasta estas páginas la forma de sentir de los niños con AACC. Junto a ella, gracias a la editorial Horsori por editar y publicar el libro para que puedas tenerlo entre tus manos.

Gracias a Júlia Blanco Arnaus por la ilustración de portada, por aceptar mi encargo desde su exquisita sensibilidad consiguiendo recoger la esencia de este libro de un modo tan bello y por el esfuerzo que sé que esto le ha supuesto.

Muchas gracias a mi amiga y compañera Natàlia Serrats por leer apasionadamente cada uno de los fragmentos, por su entusiasmo, y por tantos y tantos detalles que hacen que mi día a día sea más dulce.

Gracias a Asunción Molina y a Sonia Benítez por su colaboración en torno a cómo afrontan los niños con AACC los momentos de separación de sus padres, y por todo cuanto he aprendido de vosotras durante estos años sobre divorcios y otros asuntos legales. A las dos y también a ti, Pilar, gracias por el buen humor y el apoyo en el día a día del despacho.

A todas y cada una de las familias y profesionales que a lo largo de los años han pasado por nuestro centro, porque cada uno de ellos ha aportado su granito de arena en la construcción de este libro y en dar pasos y pasos en pro de la atención y comprensión de estos niños.

Gracias a tantas familias por confiarme a sus hijos y permitirme entrar en su intimidad, abriéndome las puertas al conocimiento de los niños con AACC. Agradecimiento especialmente efusivo a las familias Adell Cortés, Torner Del Barrio, Garcia Amorós, Valveny Sequeira, Gil Lorenz, Andreuccetti Basas, Díaz Andreu, Serrano Gaya, Garcia Ferreras, Pujol Pastore, Salinas Tomàs, Guilera Aulet por iluminar este libro con sus experiencias en primera persona. De igual modo, gracias a E. Sugrañes, A. Rodríguez, B. Sindreu, R. Tulleuda i Q. Prats por compartir sus reflexiones. Y gracias, Elsa, por tus comentarios que siempre amplían la mirada sobre cualquiera de los asuntos en los que la posas.

Gracias a Martí, Àlex, David, Eric, Sergi, Aina, Nil, Marina y Naiara por sintetizar su manera de sentir en un dibujo y a los que no pueden aparecer, mi agradecimiento es igual para todos ellos.

Y como no, esencial, gracias a tantos niños y adolescentes que han abierto su corazón para compartir sus vivencias y emociones conmigo. Me siento enormemente privilegiada por ello. Gracias a todos vosotros por permitirme darme cuenta de un mundo tan rico como el vuestro. Os guardo a cada uno de vosotros en un rincón de mi corazón.

Mi más profundo agradecimiento para Jordi por su atención a los detalles, apoyo incondicional, y resistencia, y por ser mi compañero de viaje infatigable y padre de nuestras cuatro magníficas hijas, Aila, Gina, Nur y Bel.

## BIBLIOGRAFÍA


Bucay, J. (2002). *Cuentos para pensar*. Barcelona: RBA Libros.

Canovas, G. (2015). *Cariño he conectado a los niños*. Vizcaya: Ediciones Mensajero.

Conangla, M. y Soler, J. (2002). *Exploradors emocionals. Un plantejament creatiu per gestionar les emocions*. Barcelona: Parramón.

Ginott, H. (2005). *Entre padres e hijos*. Barcelona: Medici.

Maslow, A. (1945). *Motivación y Personalidad*. Madrid: Diaz de Santos.

Siaud-Facchin (2014). *¿Demasiado Inteligente para ser feliz*? Barcelona: Paidós.

Terrassier, J.C. (1985). Psysynchrony-uneven Development. En J. Freeman (ed.), *The Psychology of Gifted Children*. New Cork: Wiley and Sons.

Pérez, L., Domínguez, P. y Gandarillas, É. (2001). *Actas del seminario. Situación actual de la mujer superdotada en la sociedad*. Dirección General de Promoción Educativa. Consejería de Educación. Comunidad de Madrid.

## BIBLIOGRAFIA RECOMENDADA

Caballero, A. (2009). *Educar en casa, día a día.* Santa Cruz de Tenerife: Ob Stare Editorial.

Dauder, M. (2014). *Las altas capacidades en la escuela inclusiva. Los Marramiaus de la calle Caballa Descarada.* Barcelona: Horsori.

Dauder, M. (2015). *Las altas capacidades en la escuela inclusiva. Animalem.* Barcelona: Horsori.

Dauder, M. (2016). *Las altas capacidades en la escuela inclusiva. Dan y Nica. Los viajes de Bolita Mundis.* Barcelona: Horsori.

Dauder, M. (2016). *Las altas capacidades en la escuela inclusiva. Magicus Mundus.* Barcelona: Horsori.

Dauder, M. (2017). *Las altas capacidades en la escuela inclusiva. Caballa Descarada 2.0.* Barcelona: Horsori.

Dauder, M. (2018). *Las altas capacidades en la escuela inclusiva. Las blogaventuras de Minerva y Atenea.* Barcelona: Horsori.

Heegaard, M. (2002). *Cuando* alguien *muy especial muere: Los niños pueden aprender a enfrentar la adversidad.* Taylor Trade Publishing.

Kübler-Ross, E. (1992). *Los niños y la muerte.* Madrid: Ediciones Luciérnaga.

Norberg, B. y Gutierrez, I. (2016). *Crecer sin escuela.* Madrid: Mandala ediciones.

Nuñez, C. (2016). *Emocionario.* Madrid: Palabras aladas.

Snel, E (2013). *Tranquilos y atentos como una rana.* Barcelona: Kairos.

Stevens, J. O. (1976). *El darse cuenta. Sentir, imaginar y vivenciar.* Chile: Cuatro Vientos Editorial.

Turner, M. (2004). *Como hablar con niños y jóvenes sobre la muerte y el duelo.* Barcelona: Guía Paidós para padres.

Pérez, L. (2014). *Alumnos con capacidad superior.* Madrid: Editorial Síntesis.

Made in United States
North Haven, CT
10 September 2026

18419720R00093